Fala sério!

Você também não está a fim dele

Ian Kerner

Fala sério!

Você também não está a fim dele

Eleve seus padrões e conquiste o amor que você merece

Prefácio de Amy Sohn

Tradução
Rafaela Ventura

EDITORA BEST SELLER

CIP-Brasil. Catalogação-na-fonte
Sindicato Nacional dos Editores de Livros, RJ.

Kerner, Ian

K47f Fala sério!: Você também não está a fim dele: eleve seus padrões e conquiste o amor que você merece / Ian Kerner; tradução Rafaela Ventura. – Rio de Janeiro: Best Seller, 2006.

Tradução de: Be honest: You're not that into him either
ISBN 85-7684-059-6

1. Relação homem-mulher. 2. Encontro (Costumes sociais). 3. Mulheres solteiras – Psicologia. 4. Mulheres solteiras – Comportamento sexual. I. Título.

05-4069 CDD – 306-7
CDU – 292.6

Título original norte-americano
BE HONEST – YOU'RE NOT THAT INTO HIM EITHER

Publicado mediante acordo com ReganBooks,
um selo de Harper Collins, Publisher.

Capa e ilustrações de miolo: Sense Design
Editoração eletrônica: DFL

Impresso no Brasil

ISBN 85-7684-104-5

PEDIDOS PELO REEMBOLSO POSTAL
Caixa Postal 23.052 – Rio de Janeiro, RJ – 20922-970

A todas as mulheres solteiras do mundo: não desistam do amor nunca. Vão à luta!

Sumário

Parte 2: O MERCADO

Parte 3: O CICLO

Prefácio

de Amy Sohn

ESTAVA SENTADA em um barzinho do bairro, esperando um cara aparecer. Estávamos saindo juntos havia duas semanas, e era um daqueles casos que não poderia acabar sem que um dos dois corações fosse partido. Ele havia dito que passaria em algum momento, e eu disse que estaria lá a partir das 21 horas. Já eram 22h45, eu estava tomando água tônica com vodca, lentamente, aborrecendo a garçonete e me sentindo cada vez mais desmoralizada. Talvez ele não tenha dito que viria com certeza. De repente, disse que talvez viesse, o que era totalmente diferente de dizer que viria. Pode ser que ele tenha dito que passaria aqui no fim da noite e não no começo, portanto eu não tinha razão alguma para estar aborrecida. Mas, no fundo, eu sabia que não era nem surda nem idiota, e lembrava claramente o que ele dissera: "Pode deixar, vou dar uma passada lá depois do trabalho." Às vezes, ele trabalhava até tarde, mas não até tão tarde assim. E, se estivesse trabalhando até aquela hora, teria me ligado.

Durante a última hora e meia, fiquei olhando o tempo todo para meu celular para ver se, por um passe de mágica, o botão SILENCIOSO tinha ligado sozinho. Às vezes, eu me controlava e jurava que não olharia mais; alguns minutos depois, não resistia e olhava. Parecia uma pessoa com TOC que tem certeza de que esqueceu de trancar a porta. Como se não bastasse, a cada 15 minutos ligava para minha caixa postal em casa, pensando se ele tinha ligado para dizer que não poderia vir, embora eu soubesse muito bem que ele tinha o número do meu celular.

Nem passou pela minha cabeça ir embora; nem às 21h30, muito menos às 22h30. Só conseguia pensar que ele dissera que iria, então teria de esperar até ele chegar.

Depois de algum tempo, percebi que o homem sentado ao meu lado, um sujeito pequeno, um pouco mais velho e com olhos cansados, estava me observando. Finalmente perguntou: "Está esperando alguém?"

"Estou", respondi. "Estou saindo com alguém, e ele disse que daria uma passada aqui. Sei que devo estar parecendo uma idiota, mas estou realmente a fim dele."

Ele fez um sinal de desaprovação e disse: "Mas você é tão bonita, parece tão inteligente. Por que está fazendo isso consigo mesma? Se ele não consegue dar um jeito de passar aqui, então é óbvio que você é boa demais para ele. Por que está perdendo seu tempo assim?"

Concordei contemplativamente e fiz o que qualquer garota faria quando se vê em uma saia assim tão justa: pedi outra água tônica com vodca e fui para a calçada ver se ele estava chegando.

Essa história poderia ser um pouco menos embaraçosa se eu dissesse que foi a primeira vez que agi de maneira tão idiota por causa de um cara qualquer. No entanto, por mais difícil que seja, tenho de admitir que, ao longo dos meus últimos anos, pelos menos uma dúzia de homens me levou à loucura, me deixou arrasada, angustiada sem saber se ligariam ou não, e me fez ficar horas e horas me lamentando com todas as minhas amigas. Certa vez um homem me ligou de um orelhão, o cartão acabou e ele só voltou a me ligar *cinco dias depois*. Saí com um diretor de cinema que ficou *uma hora e meia* reclamando de sua carreira fracassada e não fez uma só pergunta sobre a minha vida. Teve um ator que saiu do meu apartamento depois de uma noite bem quente de sexo dizendo que, em vez de tomar café-da-manhã comigo, teria de ir embora para montar umas prateleiras. Será que eu agradeci a esses caras que me fizeram perceber sem maiores rodeios que o melhor seria riscá-los do meu caderninho? Muito pelo contrário. Ficava semanas e mais semanas ao telefone com minhas amigas tentando entender o que havia acontecido, arrumando desculpas que justificassem um novo encontro. Ele perdeu meu telefone, perdeu o aparelho de celular, viajou, está passando por uma fase difícil emocionalmente, ainda está se recuperando da ex-namorada, o divórcio está fazendo com que ele tenha dificuldade de se aproximar de outra pessoa, o metrô quebrou, ele está realmente atolado de trabalho ou foi atropelado por um caminhão.

Um cara bem legal, um cineasta meio esquisito chamado Dan, desapareceu por três semanas depois de um primeiro encontro maravilhoso, e justamente quando eu estava quase desistindo de namorar para sempre, um amigo me ligou para dizer que Dan tinha câncer e que estava internado no hospital em tratamento. Em vez de ficar triste, senti-me aliviada. Depois de sair com dezenas de caras que não tinham qualquer desculpa justificável, finalmente encontrei um que tinha!

O aspecto mais aterrorizante de sair com todos esses idiotas foi que comecei a perceber que eu tinha muita companhia. Não era uma anômala, uma neurótica que enfrentava problemas com o pai e que precisava de terapia para aprender a não perder tempo com homens ambivalentes. Todas as minhas amigas estavam na mesma situação. Quando eu não estava ao telefone reclamando daquele cara que saiu do país inesperadamente e nunca mais voltou, estava consolando a amiga que continuava saindo com um cara que pediu que ela fosse embora depois de transarem, ou aquela outra que tinha acabado de voltar de um fim de semana romântico na serra com um homem que sumiu e nunca mais voltou, ou então ainda uma outra que estava perdendo o sono por causa de um homem que conheceu na plataforma do metrô — ele a amava, mas não queria ser monogâmico. Alguns desses imbecis faziam os meus carinhas parecem perfeitos cavalheiros.

Quanto mais conversava com mulheres em festas ou no trabalho, mais certeza eu tinha de que era uma epidemia. Parecia que milhares de mulheres bem-sucedidas, educadas, cultas e inteligentes estavam perdendo horas e horas com homens que as tratavam como lixo. Éramos as filhas daquelas mesmas feministas da década de 1970 que acreditavam que "uma mulher sem um homem é como um peixe sem uma bicicleta" e, ainda assim, sofríamos como adolescentes por causa de homens que não mereciam nem mesmo um segundo encontro. Afinal, o que estava acontecendo?

Venho pensando muito nisso nos últimos anos, depois de ter finalmente conhecido, me apaixonado e casado com um homem que me tratou com respeito desde o primeiro instante. Como minha vida mudou, passei a observar minhas amigas. Algumas acabaram conhecendo pessoas maravilhosas, enquanto outras ainda estão perdendo tempo com os idiotas de plantão, preocupadas com sua fertilidade e com medo de nunca encontrarem alguém para se casar.

Não tenho certeza de quem é a culpa por esse abismo sem precedentes que existe hoje entre os sexos, pela falta de comunicação, os joguinhos amorosos, o abuso emocional e a maldade dos homens em relação às mulheres (e, vamos admitir, das mulheres em relação aos homens). Talvez sejam os lares desfeitos; pais que não souberam criar seus filhos; ou o relógio biológico está deixando as mulheres tão desesperadas atrás de um parceiro que elas estão dispostas a ignorar terríveis falhas de caráter; ou o fetiche de sexo casual nos anos 1990, que levou as mulheres a acreditar que não tinham sentimentos; ou os avanços das mulheres no mundo profissional, o que as fez pensar que deveriam agarrar um marido com a mesma persistência usada no escritório. Pode ser tudo isso junto ou nada disso. No entanto, quando alguém conseguir chegar a uma conclusão, todos nós já estaremos mortos.

Portanto, acho que já está na hora de começarmos a pensar na cura e não na doença. A cura é simples, antiga, universalmente eficaz e, ainda assim, de difícil compreensão. Pode ser tão difícil de encontrar quanto uma vacina contra a gripe, mas, quando se consegue, o bem-estar toma conta de você quase que imediatamente. Qual é o antídoto mágico?

Orgulho.

Não, você não pode entrar em uma festa com o orgulho como se ele fosse um namorado e receber olhares invejosos de outras mulheres. Você não pode se casar com o orgulho e ter filhos. Não pode transar com ele ou fazer sexo virtual. Contudo, o orgulho pode ajudá-la a chegar ao orgasmo e certamente pode melhorar seu humor.

Se eu tivesse saído do barzinho às 21h30, ido para casa sem nenhum homem, mas levando pelo menos meu orgulho, talvez tivesse decidido no dia seguinte não sair mais com aquele que me deu um tremendo bolo e teria me poupado de algumas semanas de agonia que me fizeram perder a chance de conhecer milhares de caras legais. Quando cheguei em casa naquele dia, poderia ter lido um livro ou tomado um banho ou assistido à televisão ou até mesmo deitado na cama e chorado, mas pelo menos teria feito isso com minha dignidade intacta.

Quando finalmente saí do bar naquela noite, às 23h30, me arrastando para casa, me sentindo desmoralizada e deprimida, estava chateada não porque ele não tinha aparecido, mas porque havia ficado duas horas e meia sentada em um bar, sozinha, esperando por ele. E o que não percebi é que, depois de um certo ponto, não faria mais diferença se ele aparecesse, porque ele já tinha estragado tudo mesmo. Como descobri no nosso próximo encontro, não conseguia sentir mais qualquer alegria em estar com ele, porque o sonho que tinha para nós dois já estava morto e enterrado. Sabia que ele não mudaria, exatamente como sabia que o fato de não ter aparecido no bar naquele dia era só mais uma das pisadas na bola que ele já tinha dado ao longo das poucas semanas que estávamos saindo.

Depois de um primeiro encontro maravilhoso, ele disse que me telefonaria no dia seguinte e não telefonou. Era tão cauteloso quando o assunto era intimidade física, a ponto de não ficar claro se ele se interessava mesmo por mulheres. Reclamava o tempo todo do trabalho, mas nunca perguntava sobre o meu. Ele me convidou para viajar no fim de semana e depois me pediu para buscar pessoalmente o carro na locadora, pegá-lo no trabalho e dividir os custos com ele. Ainda assim, eu não queria enxergar nada disso, porque estava morrendo de medo de entender o que significava: nós não tínhamos nada a ver. Estava com medo de cancelar o casamento que havia planejado na minha cabeça.

É tão difícil para as mulheres entenderem e aceitarem o orgulho porque, em geral, ele vem lado a lado com a capacidade de aceitar que não é possível que esses tipos de relacionamento dêem certo como imaginamos e que eles podem ser dolorosos, deprimentes e solitários. No entanto, a *tristeza vai embora*. Todos os roqueiros, artistas e escritores ambivalentes, sombrios e levianos com os quais saí aos vinte e poucos anos eram homens dos quais conseguia rir uma semana depois de tudo terminar. Sempre levava muito menos tempo para superar do que os meses que gastava nesses relacionamentos turbulentos.

O objetivo deste livro é mostrar como você pode encontrar o orgulho e usá-lo para lidar com os assuntos do coração. Diferente de outros livros, este não mostrará nenhuma fórmula mágica ou tentará convencê-la de que todo o poder está nas mãos dos homens. Ian Kerner é um daqueles poucos homens que realmente ama as mulheres e deseja ajudá-las (pensa bem, o cara escreveu um livro inteiro sobre como fazer sexo oral nas mulheres!). *Fala sério! Você também não está a fim dele* é um guia divertido e inteligente que fará você a levantar a bunda da cadeira e entrar no jogo que a levará até alguém que irá amá-la e tratá-la bem. Sua cara-metade está em algum lugar; você só precisa saber como encontrá-la. Uma amiga me disse certa vez: "Os vinte anos servem para descobrirmos o que queremos, e a faixa dos trinta, para descobrirmos como conseguir."

Quando acontecer, você tem de saber o que quer — e o que não quer — antes de ter a chance de ser feliz. Você tem de parar de tentar nadar contra a corrente. Ian discute todas as desculpas que você provavelmente arruma para as situações e vai desmontando uma a uma. Dessa forma, mostra um caminho fora dos padrões que ultimamente têm levado você à loucura.

Este livro não pretende ser descritivo, ou seja, não tem a intenção de dizer que você deve seguir determinadas regras ou que todos os homens são iguais, então é melhor mesmo aceitá-los como são e dançar conforme a música. É mais esperto, mais divertido e mais complicado. Entretanto, irá ensiná-la a colocar suas necessidades em primeiro lugar e a reconhecer quando elas não estão sendo atendidas — sexual ou emocionalmente. Ian não é contra sexo casual, mas, em relação a isso, seu conselho é: se você estiver fazendo sexo casual, pelo menos deve ter orgasmos incríveis. Não existe nada pior do que uma noite de bebedeira que termina sexualmente desigual com alguém que mal conhecemos. Você acorda de manhã com gosto de cabo de guarda-chuva na boca, perguntando a si mesma qual será o nome dele, quando se lembra que nem conseguiu gozar. Qual o sentido de fazer sexo casual se a parte sexual não é boa?

Seguindo o mesmo raciocínio, qual o intuito de sair com alguém que não é capaz de fazê-la se sentir bem? Por que ficar batendo cabeça se você pode tomar as rédeas da situação? Você não ficaria em um emprego que detestasse ou manteria uma amizade que não trouxesse nada de bom, por que então usar um conjunto de padrões diferentes quando o assunto é homem?

Alguns meses depois de dizer ao furão daquele encontro no barzinho que não queria mais vê-lo, ele ligou para meu celular. Como me pegou desprevenida, atendi. "Queria me desculpar por ter sido tão idiota", disse ele. "Não a tratei bem, mas estava passando por uma fase difícil no trabalho e..."

À medida que ele falava, eu só balançava a cabeça. Mesmo agora, ele ainda estava olhando só para o seu umbigo. Queria alguém que o escutasse reclamar de seu drama emocional, mesmo depois de termos terminado tudo.

"Tudo bem", eu disse, interrompendo seu discurso. "Não estava dando certo. Não tenho ressentimentos. Quero que você seja feliz." E realmente desejei de coração.

Desliguei o telefone e finalmente fiz uma coisa que só levou um segundo, mas que me fez sentir muito melhor do que me sentia há meses: deletei o carinha.

Introdução

VOCÊ ESTÁ MESMO A FIM DELE?

OS HOMENS SÃO uns idiotas. Dizemos que vamos telefonar e não telefonamos. Mentimos e traímos nossas namoradas e esposas. Deixamos o assento do vaso levantado e reproduzimos uma série de comportamentos clichês impostos por manuais de relacionamentos modernos com maior naturalidade. É verdade. Alguns homens são uns idiotas mesmo. No entanto, você só sabe disso porque já saiu com alguns de nós. E você é esperta o suficiente para saber que, quando um cara não telefona, significa que ele não está a fim de você.

Contudo, apesar de toda a sua inteligência, você começa a funcionar desse jeito. E quem pode culpá-la? Bastam alguns encontros desastrosos e todas as suas esperanças de encontrar o amor verdadeiro vão embora. Você começa a fazer concessões, apostando em uma abordagem um pouco mais realista e pragmática. Resolve se conformar. Você sabe que um sapo não se transforma em príncipe, então reduz seus padrões e expectativas até ficar bastante difícil distinguir um do outro. Seja por causa do bom e velho tesão, pela pressão social (combinada com a percepção de que não existem mais homens interessantes à disposição) ou simplesmente por causa das terríveis decepções amorosas que enfrenta o tempo todo, você começa a nivelar por baixo sem perceber. Entretanto, agindo dessa maneira, você se esquece de que, embora ele esteja demonstrando que não está a fim de você, a verdade é que *você também não está mesmo muito a fim dele*. Fala sério. Você só estava passando o tempo enquanto esperava alguém melhor. Ele nem era tão maravilhoso assim, mas era melhor do que nada. Será?

Você se conforma e acaba se vendo em uma encruzilhada. Bom, este livro vai ajudá-la a escapar dessa situação.

O que me faz um especialista no assunto? Primeiro, sou homem, portanto sou mais do que qualificado para escrever sobre as limitações masculinas (só preciso olhar no espelho). Além dos meus cromossomos, sou terapeuta sexual e converso com mulheres (e homens) todos os dias sobre seus problemas românticos e sexuais. O que mais me fascinou ao longo dos últimos anos não foi a total incapacidade feminina de ler os sinais tão claros emitidos pelos homens de que não tinham o menor interesse nelas, mas sim aquelas decisões tão passivas tomadas pelas mulheres de, ainda assim, transarem, saírem e até mesmo se envolverem com homens nos quais nem tinham interesse.

Veja, por exemplo, o "curioso caso da menina no elegante vestido preto".

Ano passado, estava fazendo uma palestra em um evento de solteiros em Manhattan quando uma estonteante mulher loira, de 31 anos, levantou-se e fez uma pergunta. Alta, atraente e articulada, era o retrato do sentimento feminino:

— Estou de saco cheio. Estou pronta para ter um relacionamento, mas fico saindo com esses caras e me sinto no meio de um episódio do *The Bachelor** — lá no fundo, você sabe que existem milhares de outras mulheres bonitas atrás dele, *e ele também sabe disso*, e, hoje em dia, ficar esperando até o terceiro encontro para transar com o cara é quase suicídio. Então, quando você percebe, já está envolvida e se perguntando por que ele é tão convencido...

Nesse momento, um homem que estava na platéia gritou:

— Talvez ele não esteja a fim de você! — repetindo o mantra de um certo livro com esse título que assolou as listas dos mais vendidos e deu muito o que falar.

Seguiu-se uma gargalhada generalizada.

— É possível — replicou. — Mas, quando ouvi esse título pela primeira vez, sabe qual foi minha reação? Quer saber? Eu também não estou a fim de você! — gritou. — Se eu parar para pensar, vou perceber que me envolvo com homens que não têm nada a ver comigo. E todas as mulheres que conheço sentem a mesma coisa. Acabamos baixando nossos padrões, sem nem perceber.

— Então, por que você sai com esses homens? — perguntei.

Ela hesitou, mas respondeu:

— Porque, de alguma forma, sinto que devo sair, namorar, mas não existem muitas boas opções por aí. Acho que estou presa em um jogo do qual não consigo sair.

Ainda pensou por alguns instantes.

— E você sabe, né? Gosto de transar com homens.

Ah, bom.

Olhe só, não discuto seu direito de transar se estiver com tesão ou se sentindo sozinha. A segunda onda feminista lutou por esse direito, e é bem provável que você tenha nascido com

* Reality show em que várias mulheres disputam a preferência de um único homem solteiro, que deverá escolher uma delas para um relacionamento. (*N. do E.*)

ele. Não é mais uma questão de garantir seu direito de buscar prazer. É seu e ninguém tasca. Use-o como quiser. Mas use-o sabiamente. Pense bem em como usar esse poder e no preço que você paga ao dormir com um cara de quem não está a fim. Acredite, ele sairá ganhando de qualquer jeito, mas e você?

Existem muito mais coisas envolvidas nisso do que sexo. A proliferação do vibrador Rabbit* nos mostra que as mulheres são perfeitamente capazes de se virarem sozinhas sem ter de sofrer com outro encontro melancólico com um homem qualquer com um cartão de crédito de motel. Muitas mulheres atraentes e bem-sucedidas estão saindo com homens de quem não estão a fim. Isso está acontecendo todo dia, em várias cidades pelo mundo todo. É provável que já tenha acontecido com você.

Parte do problema é o mercado dos encontros. O mundo está cheio de mulheres incríveis (acredite, vejo vocês por todos os lados; sou casado, mas não estou morto), mas existem pouquíssimos homens à disposição, ou pelo menos é isso que parece. Você não tem outra alternativa, senão se conformar. Todos os homens bons já estão comprometidos? É claro que não. No entanto, eles não vêm bater à sua porta. Logo, você fica transando com aqueles que aparecem. Mas verdade seja dita. Foi exatamente esse comportamento de mulheres sexualmente livres e conscientes que ajudou a criar um exército de homens que só querem saber disso.

Depois, existem as pressões do mercado social. Conforme-se e tenha filhos, ele parece dizer. Uma família? Que ótima idéia! Você vai conseguir ter uma depois de se conformar com o que tem. É mais fácil falar do que fazer, principalmente se você não

---

* Modelo de vibrador que ficou famoso com a série norte-americana *Sex and the City*, possui duas orelhas de coelho para ajudar na estimulação. (*N. do E.*)

conhece ninguém com quem gostaria de ter um terceiro encontro. E você não vive na terceira onda feminista? É claro que sim, mas, por mais moderno que o mundo pareça, existem determinadas tradições que ainda regem o mundo. A pressão para se casar pode estar levando você a tomar decisões erradas.

E é tudo isso que faz o mundo dos encontros girar tão rápida e constantemente que faz com que você esqueça de perceber que, na verdade, isso não está levando a lugar algum. Está nesse jogo há tanto tempo que parece que a realidade é: menina conhece cara que não vale a pena, menina transa com cara que não vale a pena, e logo, logo, a menina está namorando o cara que não vale a pena. Repito. Você já viu esse filme. Faz parte dele.

Este livro não reduzirá o comportamento masculino a meros rótulos. Tampouco se preocupará em fornecer um conjunto prático de regras que você deve seguir. Não estou subestimando você pensando que tudo de que precisa é uma simples lista.

Em vez disso, o intuito do livro é fazer com que você pense em suas ações e no seu modo de agir. É isso mesmo. Ainda que possa estar momentaneamente pensando: "Ei, não é culpa minha que não tenha dado certo. *Ele não está a fim de mim!*" Não é tão simples assim. Não podemos nos eximir da culpa tão facilmente. E a própria idéia de que você não tem nenhum poder de interferir no que um cara sente em relação a você — como se fosse uma questão de tirar a pétala certa ("bem-me-quer, malmequer?") — faz parte do processo de baixar seus padrões, abdicando de sua responsabilidade por suas ações e aceitando as derrotas.

Não existe "certo" ou "errado"; não é que os homens "estejam a fim de você" ou "não estejam a fim de você". O mundo é complexo e, nas páginas a seguir ,vou descrever um conjunto de idéias práticas que irão, assim espero, ajudar a melhorar sua vida amorosa. Com base em minhas experiências como terapeuta sexual, estudos clínicos atuais e muitas e muitas conversas travadas com homens e mulheres, este livro foi escrito para ajudá-la a ser mais sincera consigo mesma e admitir que é você quem não está a fim dele. Para que isso seja possível, dividi o livro em três partes principais, cada uma das quais abordando formas usadas pelas mulheres para nivelar os relacionamentos por baixo. O objetivo é fazê-la pensar e pavimentar o caminho da mudança, transformação e descoberta do amor desejado. Para ressaltar esses pontos, cada capítulo termina com duas seções que amarram todos os assuntos abordados. A primeira é chamada "Fala sério" e funciona como um telefonema de sua melhor amiga às duas horas da manhã, a voz da razão. A segunda seção, "Eleve e conquiste", fornece algumas idéias de como aumentar seus padrões e conquistar o amor que merece.

Na vida real, adote a postura "você não pode me mandar embora, porque estou me demitindo agora mesmo". Pode ser que ele não esteja a fim de você, como a mulher de preto, mas é sempre bom lembrar: "Quer saber? Nós também não estamos a fim de vocês!"

Pare de baixar seus padrões e comece a buscar o amor! Pode ser fácil dizer e mais difícil fazer, mas o primeiro passo é perceber que não está a fim dele. Ação e recompensa virão logo em seguida.

Mãos à obra!

Parte 1: SEXO

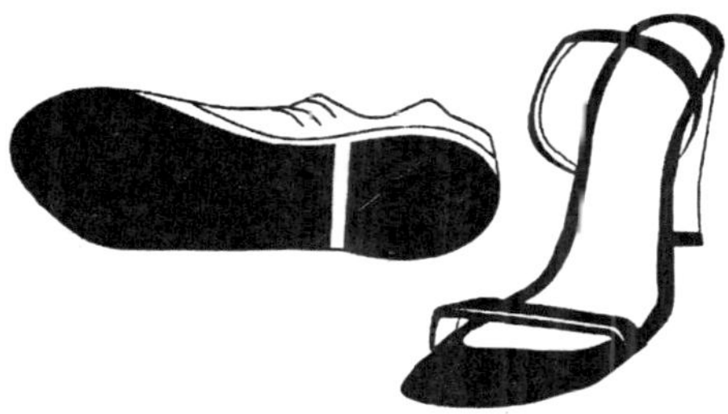

1. Você também não está a fim dele, mas transou mesmo assim

"Sua mãe não falou para você que sexo leva a coisas como encontros?"

— Frasier Crane para Roz, em um episódio da série *Frasier*

SEXO ACONTECE. Está por aí, em todos os lugares, e você provavelmente não precisa procurar muito para encontrar. Graças à Internet, você pode procurar sexo (ou meias, ou os dois ao mesmo tempo) até no conforto de seu lar. É verdade. As mulheres têm hoje mais liberdade sexual do que jamais tiveram, e muitas de vocês estão aproveitando isso. Você é sensual, segura, liberal e está pronta para correr atrás do que deseja. E ter esses instintos não significa não poder procurar um homem que seja totalmente louco por você.

No melhor dos cenários, você pode estar transando com alguém de quem gosta muito e que adora você. Se for esse o caso, espero que você esteja agindo como se fosse uma adolescente e esteja totalmente apaixonada. No entanto, nem sempre é assim. A maioria de vocês está sozinha ou naquele estado de existência meio nebuloso e caótico chamado "ficando". Ainda assim, você está com tesão, sozinha ou, então, entre namorados.

Então, quais são as opções? Você sempre pode contar com a programação de tevê na madrugada ou com seu amigo Rabbit, mas os dois já estão ficando meio gastos e, depois de algum tempo, até mesmo a idéia de comprar pilhas novas já começa a perder o brilho. Portanto, você pode telefonar para um ex ou então sair, encontrar um cara, ficar com ele e, logo, logo, estará transando com alguém de quem não está a fim.

Os homens fazem isso o tempo todo, claro, afinal de contas, são homens. Mas as mulheres também fazem; pode ser excitante e, quem sabe, até prazeroso, desde que tenha consciência de suas motivações e do que está ganhando (ou, mais provavelmente, deixando de ganhar) neste jogo.

A menina cheia de desejo

"Parece até um clichê, mas eu também tenho minhas necessidades. Fico com tesão e preciso fazer alguma coisa a respeito. E mesmo quando sei que a situação não é a ideal, acabo transando com homens que não me interessam. É amor? Não. Mas pelo menos é outro corpo."

— Karen, 33, publicitária, Denver

A situação de Karen é bastante comum. Escuto histórias como esta o tempo todo. O desejo feminino, de um ponto de vista puramente psicológico, às vezes é maior do que o dos homens.

Por quê? Bom, como Hugh Hefner sabe muito bem, o corpo feminino foi feito para o sexo. A mulher é como um Maserati com turbo em comparação ao homem, que seria um Yugo. E qual é o motor que faz essa belezura queimar asfalto? O clitóris, que não tem qualquer outro propósito senão o prazer sexual. Ele vem equipado de fábrica com duas vezes mais terminações nervosas do que o pênis (cerca de oito mil, no total), uma realidade anatômica invejável que produz orgasmos múltiplos. (*Viva la vulva!*)

Enquanto os homens atingem seu auge sexual na época em que começam a votar, o pico feminino é entre o final dos vinte e o começo dos quarenta (entre outras evidências, quando estão em seu "auge sexual", as mulheres relatam um aumento nos orgasmos). Embora parte disso possa ser atribuída a alterações hormonais, um dos principais fatores parece ser o condicionamento social. À medida que as mulheres ficam mais experientes e seguras, começam a se sentir mais confortáveis com elas mesmas e com o corpo. Com isso, acabam se permitindo ser, de certa forma, "exploradas" sexualmente, enquanto descobrem seus desejos sexuais mais profundos.

Seu mundo é esse, meninas. Nós, homens, só escrevemos livros dizendo qual é a melhor maneira de fazer sexo nele.

Mundo das cantadas com segundas intenções

> *"Conheci Mark no meu antigo emprego e, embora o achasse bonito, sabia que não era o tipo de homem para namorar. A gente saiu um dia para tomar um drinque, e uma coisa acabou levando à outra. E como já sabia como ele era, me senti de certa forma segura, e ele se tornou um parceiro sexual casual — e nada mais. Se os homens podem, por que não podemos também?"*
>
> — Cathy, 33, executiva da indústria musical, Los Angeles

O ponto de vista de Cathy faz sentido. Não só a cultura atual permite isso, como, hoje em dia, até se incentiva o sexo casual. Mas em que ponto o jogo começou? Embora o sexo casual tenha sempre existido, desde o início dos tempos (lembra Adão e Eva? As orgias romanas?), sua gênese como um movimento cultural costuma estar relacionada com a introdução da pílula anticoncepcional no início dos anos 1960, o que ajudou a catalisar o movimento de liberdade sexual. As mulheres começaram a abraçar o controle sobre sua sexualidade, e o movimento feminista lutou tanto pelo direito de ter prazer quanto pela igualdade em todos os sentidos. As mulheres não aceitam mais casamento sem sexo e a repressão vitoriana (o vibrador foi inventado como uma forma de lidar com a "histeria feminina", que era como a medicina vitoriana chamava a sexualidade feminina naquela época).

Os movimentados anos da década de 1960 abriram passagem para os hedonistas anos 1970, quando Erica Jong introduziu a "Geração do Eu" ao "sexo sem compromisso", e o sexo sem culpa se tornou algo permitido ao comportamento feminino. Parecia que, finalmente, as mulheres estavam por cima, transando com desconhecidos em trens e elevadores. E onde estavam os homens modernos durante tudo isso? Assistindo, alegremente de camarote, a esse novo "direito", é claro.

Graças às sementes plantadas pelo movimento feminista, as mulheres modernas já estavam ganhando quase tanto quanto os homens nos anos 1990, o que lhes deu uma independência financeira sem precedência. Sentindo-se desobrigadas de procurar um provedor masculino, começaram a postergar o casamento e a aproveitar as "ficadas" como uma forma de gratificação sexual. É só ver o seriado *Sex and the City* para exemplificar bem esse novo "direito"— *a capacidade de a mulher fazer sexo como um homem:* simplesmente em nome do prazer.

E, como Carrie e suas amigas, muitas mulheres transam com caras de quem não estão a fim. Mais uma vez, esse mundo de cantadas fáceis e "ficadas" é uma boa forma de relacionamento, se você estiver tirando algum proveito. Só não se esqueça de que sexo é mais do que um acessório no guarda-roupa — uma lingerie que deve ser arrancada sem o menor esforço antes de pular na cama.

O coração solitário/A menina de coração partido/ A menina "entressafras"

> *"Acho que estava procurando algo que desviasse minha atenção da outras coisas. Imaginei que sexo poderia ajudar."*
>
> — Marie, 34, técnica em higiene bucal, Cleveland

Às vezes, é muito mais do que um simples desejo que a leva a transar com um cara de quem não está a fim. Talvez você só esteja se sentindo sozinha ou sofrendo as dores de uma separação. O sexo pode ajudar a esquecer alguém? Talvez, apesar de poder piorar tudo. O sexo casual pode ser positivo enquanto você está esperando o amor de sua vida aparecer? Claro que sim, desde que não impeça de encontrá-lo ou desde que você não confunda essa aventura com o amor verdadeiro.

As mulheres estão transando com os homens por diversas razões que têm muito pouco a ver com sua libido. Se você tiver consciência disso, ótimo. Manda ver. Apenas esteja preparada para lidar com as conseqüências.

Entretanto, se você estiver tentando reconstruir sua autoestima ou exorcizar o fantasma dos ex-namorados por meio de sexo casual, é bem provável que esteja a um passo da decepção.

Dando aos homens aquilo que eles querem

"Um mundo em que eu possa conhecer mulheres atraentes, inteligentes e conscientes de seus desejos sexuais e que transarão comigo mesmo que não queiram um relacionamento firme? Humm, deixe-me pensar. É, acho que consigo conviver com isso."

— Adam, 32, advogado, Birmingham (Michigan)

Embora a sabedoria popular sugira o contrário, os homens são inseguros e indecisos. Como as mulheres, nós também ficamos pensando se vocês estão a fim, apesar do que um certo livro anda dizendo. Em *Ele simplesmente não está a fim de você*, os autores defendem que, se os homens conseguem dirigir o mundo, são perfeitamente capazes de telefonar antes. Bom, aparentemente estamos nos saindo muito bem nessa tarefa neste milênio, não estamos? E quem são esses homens? Não sei dizer. Muitos homens com quem converso andam preocupados demais tentando entender a diferença entre Viagra, Levitra e Cialis* para dirigir o mundo.

As mulheres ficam nervosas, mas os homens também ficam. Naquela vez em que não telefonamos — talvez porque estivéssemos confusos —, será que você queria mesmo que tivéssemos telefonado? Apesar da incerteza, a pressão está toda nos homens, que devem dar o primeiro passo ou passar a bola. Os homens ficam mais do que satisfeitos em aceitar um mundo de igualdade sexual, em que as mulheres podem assumir a dianteira — só não sabemos ainda como lidar com isso.

A desvantagem potencial de um cenário em que as mulheres são tão agressivas quanto os homens e em que o sexo casual

---

* Medicamentos para tratar a impotência. (*N. do E.*)

é uma norma aceita é que, essencialmente, dá a chance e a licença de os homens se comportarem, bem, como homens. O maior beneficiário dessa mudança no comportamento feminino é o homem. Com isso, não queremos dizer que as mulheres devam dançar conforme a música ou reprimir os desejos sexuais. Isso não funciona e é um jogo desleal e bobo. Ou será que não?

Contudo, olhando pelo lado positivo, você deve ter consciência de que pode estar contribuindo para aquela situação da qual sempre reclama: homens que não assumem relacionamentos. Não somos muitos bons em sutilezas, especialmente quando estamos analisando uma situação com base na testosterona.

Não estou dizendo que todos os homens sejam uns idiotas incapazes de se comunicar ou que só queremos saber de sexo casual. É bem provável que não recusemos uma noite de sexo sem compromisso, o que não significa que isso seja o centro de nosso universo — afinal de contas, também existem o futebol e a cerveja. Acredite ou não, existem alguns homens que preferem esperar um pouco para fazer sexo, em especial se for com uma mulher com a qual podem se envolver. E, mesmo em situações casuais, às vezes somos sinceros em relação a isso, o que não quer dizer necessariamente que o cara não esteja a fim de você. É possível que, na verdade, ele só consiga lidar com isso e, se vocês dois quiserem a mesma coisa, ou seja, sexo casual (manda ver!), então pode ser que seja bom para você também.

A "MENINA TUDO-MENOS"

Melissa é uma executiva de marketing de 35 anos que vive em Los Angeles. É solteira, mas gostaria de estar namorando, uma vez que está nessa brincadeira de "ficar" há muitos anos. É independente e sexualmente segura. Suas experiências a levaram a criar suas próprias regras. "Se eu gostar de um cara, então não vou transar com ele imediatamente", explica. "Sexo oral, tudo bem, mas sexo é uma coisa bem diferente."

Com sua interpretação "clintoniana" da definição de sexo, Melissa é uma "menina tudo-menos" (MTM). Ou seja, ela faz *tudo menos* a penetração. Esse fenômeno parece estar crescendo muito, uma vez que já encontrei MTM em toda parte.

A visão se baseia na crença de que a penetração é, de alguma forma, um ato mais íntimo e sagrado, pois, ao se abrir para uma pessoa, a mulher se torna mais vulnerável do que em qualquer outro tipo de ato praticado na cama.

Será que essa visão é anacrônica ou será que a penetração sexual possui uma força que ofusca todos os outros atos sexuais? Não existe uma única resposta. E, embora alguns considerem "tudo-menos" um ponto de corte relativamente aleatório, a determinação dos limites é algo bastante individual. Todos nós precisamos criar nossa própria definição de sexo (interno não-incluído).

O outro lado da moeda: nunca estivemos mesmo a fim dele, mas o sexo fez pensar que estávamos

> *"Posso transar com um idiota bonitão que mal sabe escrever e ter total consciência do que estou fazendo, mas, um ou dois dias depois, começo a fantasiar e me imaginar escolhendo móveis com o cara. É maluquice, mas isso acontece sempre que transo com alguém."*
>
> — Michelle, 28, relações-públicas, Nova York

A situação de Michelle levanta um ponto que trataremos com mais detalhes no próximo capítulo — que os homens e as mulheres fazem sexo de várias maneiras diferentes. Em muitos casos, mesmo uma mulher intelectualmente consciente de que não está a fim de um homem de alguma forma cria algum laço emocional. Parte disso se deve ao padrão duplo que se transforma em remorso por ter "liberado" a partir de uma crença falsa de que realmente estava rolando alguma coisa a mais. Às vezes, aquele sentimento de querer "matar o cara" é quase uma justificativa emocional para não gostar dele, mas, ainda assim, transar com ele.

Um pouco disso é químico. Quando transamos com alguém novo, existe um aumento natural em alguns hormônios que levam você a gostar da pessoa. Independentemente de ser casual ou não, o sexo libera dopamina (a mesma substância química liberada nos viciados). A dopamina causa excitação e concentração. Além disso, independente de o sexo levar ao orgasmo ou não, também se emite oxitocina. Trata-se de um hormônio muito potente que faz com que a mulher se sinta ligada ao objeto com o qual está transando (mesmo que seja um cretino que nem saiba escrever "oxitocina"). A questão é: você pode tratar o sexo de forma casual, mas isso jamais será correspondido. Sexo é importante. Existem forças biológicas e evolucionárias que trabalham sempre que você faz sexo; portanto, seja honesta consigo mesma em relação ao que está fazendo.

Fala sério!

Toda essa liberdade sexual é uma faca de dois gumes. De um lado, é o ápice da revolução feminina e a reivindicação do prazer feminino (e quem não adora um ápice?). Por outro lado, pode ser o começo de um declínio imperceptível, porém bastante real, em direção a baixos padrões. Só você é capaz de dizer que efeitos suas atitudes estão tendo na sua capacidade de fazer sexo gratificante e significativo, quando importa. Estou aqui apenas para fazê-la pensar.

Eleve (seus padrões) e conquiste (o amor)

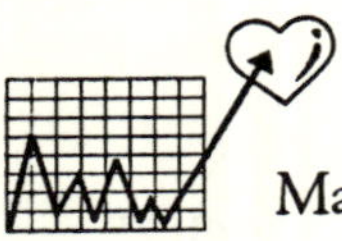

- **Foi uma conquista:** a liberdade sexual é um direito e um privilégio, portanto não tenha medo de usá-la. Mas use-a sabiamente e use-a bem.

- **Esteja certa de que vale a pena:** se você for uma mulher e estiver em busca de sexo casual, certamente encontrará. E, se estiver transando com um cara e souber que não está a fim dele, não deixe de garantir que está ganhando alguma coisa com isso.

- **Use as cantadas com segunda intenção:** os homens usam, então use também. Pense no sexo casual como uma forma de tentar identificar seus desejos e necessidades sexuais. Tente se sentir confortável ao se comunicar durante o sexo — isso dá mais controle durante a relação e é um excelente treinamento para quando se envolver com alguém de quem goste de verdade.

- **Analise sua mente:** se estiver sendo motivada por algo além do tesão, poderá acabar gostando do cara, apesar de tudo. É uma armadilha; portanto, pergunte-se por que está fazendo sexo.

- **Veja a floresta e as árvores:** durma com muitos caras dos quais não está a fim com a desculpa de estar "entressafras" e, então, de repente, a entressafra se torna uma safra. É importante ter certeza de que não está perdendo a oportunidade de encontrar o que realmente deseja, em troca de estar com aquilo que pensa precisar.

- **Expectativas sexuais:** você está transando com um homem porque quer, porque tem certas necessidades ou porque ele (ou a sociedade) "espera" que você faça isso? Essa liberdade dá o direito de fazer sexo quando bem entender, mas você não precisa agir de maneira sexualmente liberada se não quiser.

Glossário de termos de sexo sem compromisso

Cantada com segundas intenções (1990): um telefone, mensagem de texto, mensagem instantânea ou e-mail com o objetivo de incentivar a outra parte a fazer sexo casual, em geral tarde da noite. Embora os dois sexos possam fazer isso, o mais comum é que os homens façam, em geral, sob a influência do álcool.

Amizade colorida (1990): é um amigo com quem você ocasionalmente faz sexo, mas sem qualquer compromisso mais sério. O conceito foi descrito por Milan Kundera em *A insustentável leveza do ser* como uma "amizade erótica". É mais significativa do que uma cantada média com segundas intenções porque, em geral, os participantes já eram amigos antes e se tornaram parceiros sexuais depois.

Parceiro de transa (1980): um parceiro de transa é alguém com quem se tem uma situação de sexo casual, semi-regular, sem qualquer envolvimento. Tendem a ser pessoas com quem se faz sexo, mas sem qualquer compromisso. Em geral, eles entram e saem de nossas vidas dependendo se um dos dois está ou não em um relacionamento.

Transa (1990): em termos mais gerais, uma transa é qualquer ato sexual com alguém com quem não se está namorando ou com quem se tem um relacionamento mais sério. A transa inclui o parceiro de transa, a relação aberta e a transa de uma noite. Embora os detalhes do cenário e a linguagem usada para descrevê-la sejam diferentes, a ação, que é o objetivo final de cada uma dessas definições (ou seja, a transa), é a mesma.

Relação aberta (1970): uma transa em que os dois participantes têm plena consciência de que não há qualquer expectativa futura. NSA (*no strings attached*) é uma abreviação comum usada em sites como Craig's List, que contém uma seção dedicada a encontros casuais.

Transa de uma noite (1970): transa com alguém durante uma noite apenas, sem qualquer envolvimento ou compromisso, com a plena consciência de que nunca mais verá a pessoa. Um dos principais elementos é a decisão consciente de não trocar qualquer informação pessoal, como número de telefone ou e-mail.

Calçada da vergonha (1980): a volta para casa depois de cair em uma cantada com segundas intenções, em geral usando a mesma roupa do dia anterior. Embora o termo, nos Estados Unidos, costume se referir a um passeio pelo campus da faculdade, é muito comum também em áreas urbanas. Se, por exemplo, você vir uma mulher de salto alto e vestido entrando em um táxi no sábado de manhã, enquanto você está tomando café, é bem provável que ela esteja se preparando para caminhar (ou passar de táxi) pela calçada da vergonha.

Sexo sem compromisso (1973): um conceito cunhado por Erica Jong em *Medo de voar.* Conforme descrito no livro, refere-se a um encontro sexual entre estranhos que têm um desejo e não têm qualquer remorso ou culpa em relação a isso. É puro, livre de joguinhos amorosos e de razões ocultas.

2. Você também não está a fim dele, mas achou que pudesse transar como um homem

"As últimas quatro horas e meia não significaram nada para você?"

— Charlotte, de *Sex and the City,* gritando para um cara com quem acabou de transar

É UMA DÚVIDA que existe há séculos: se os homens são capazes de transar sem compromisso ou envolvimento, por que as mulheres não são? Vocês quebraram barreiras, têm sua própria liga de basquete e, de certa forma, conquistaram o mundo (ou deveriam ter conquistado). E, independente de os homens entenderem ou não, já está mais do que claro que as mulheres têm as ferramentas (com o Rabbit ou não) para serem tão sexuais quanto eles. No entanto, ter orgasmo é apenas um aspecto do sexo. Existe também aquele incômodo componente emocional para o qual as mulheres parecem ter as ferramentas e que não posso deixar de destacar.

Hoje em dia, muitas de vocês estão por aí fazendo sexo sem compromisso com caras dos quais não estão a fim só porque acreditam que podem e *devem* transar como os homens. Talvez você possa. Contudo, o mais provável é que, se já tentou se comportar assim, tenha descoberto no final do dia (ou da noite) que havia algo errado.

Talvez o sexo que você está fazendo não *seja tão bom assim*. Ou talvez você acabe se vendo emocionalmente envolvida mesmo quando já se tenha convencido (e convencido o homem com quem está) de que deve ser superficial e casual. E mais provavelmente ainda você acaba se perguntando por quê. O que estou fazendo de errado? Como faço para começar a fazer sexo bom com alguém de quem realmente gosto? Será que estou pedindo demais?

Olha, não estou dizendo que vocês não podem transar como os homens, mas pense nisto: se as mulheres estivessem realmente preparadas para transar como os homens, não seriam mais consumidoras de pornografia e prostituição? E não é que não existam ofertas socioeconômicas desse tipo para as mulheres. Não há dúvida de que, se houvesse demanda, esses produtos seriam oferecidos.

Não obstante todos os esforços da *Playgirl* para lançar uma rede voltada para o mercado adulto feminino, quando foi a última vez em que você fugiu do trabalho para navegar na Internet em busca de homens pelados? E aquele cara com quem você está transando? É bem provável que ele se levante logo depois de transar com você e sente no computador para procurar pornografia on-line.

Os homens e as mulheres não são de planetas diferentes, apesar de todas as alegações em contrário. Na verdade, encaram a experiência sexual de forma galacticamente diferente. E, mesmo que isso pareça óbvio, as razões por trás dessas diferenças podem esclarecer um pouco algumas das questões antigas e atuais.

Primeira diferença: aquele misterioso orgasmo

"A natureza é cruel. Estou sexualmente mais consciente do que nunca. Mas acontece que meu desejo de ter um relacionamento sério vive em guerra com essa consciência. Durante algum tempo acreditei que não havia problema em transar com muitos homens de quem não gostava, mas mesmo o sexo não era bom. Estava de certa forma em um dilema."

— Amanda, 32, advogada, Chicago

Como muitos homens que já passaram bastante tempo nas trincheiras poderão confirmar, o orgasmo feminino é um mistério. Como o Pé Grande e a televisão de qualidade, sabemos que existe; mas não encontramos com tanta freqüência. Embora o objetivo do clitóris seja o prazer, entender a sexualidade feminina é bem mais complicado do que entender a geometria euclidiana, e o orgasmo feminino é a prova final. Muitos homens são reprovados sem dó nem piedade (não estamos nem usando o desvio-padrão), embora não seja totalmente por culpa nossa, em especial se você estiver transando com um cara de quem não esteja a fim desde o início.

Por que é tão difícil para as mulheres chegarem ao orgasmo, quando tudo de que os homens precisam é uma olhada na seção de lingerie do catálogo de uma loja de departamentos? Alguns antropólogos evolucionários sugerem que a dificuldade fisiológica funciona como um dispositivo de monogamia interno. Esta é a lógica: como o orgasmo feminino é tão difícil, para consegui-lo é necessário ter paciência e dedicação, um processo longo de conhecimento (isso explica por que as mulheres precisam "estar concentradas" para ter um orgasmo). Isso incentiva buscar relacionamentos com apenas um parceiro, um homem que seja capaz de se esforçar e dedicar tempo e energia para se familiarizar com sua sexualidade.

A questão do orgasmo é confirmada por estudos clínicos. A partir de um ponto de vista puramente orgásmico, as mulheres que estão em algum tipo de relacionamento têm muito mais sorte do que as solteiras. Como citado por Jonathan Margolis em seu livro *A história íntima do orgasmo,* uma pesquisa de 1977 realizada pela revista *Redbook* com 100 mil entrevistadas revelou que as mulheres que eram mais aventureiras sexualmente e experimentavam mais tinham menos orgasmos do que aquelas que, se transassem antes do casamento (muitas participantes da pesquisa não tinham), o faziam com homens que amavam e com os quais acabavam se casando. Entre as entrevistadas que tiveram uma série de transas de uma noite apenas, 77% disseram que *nunca* chegavam ao orgasmo durante essas sessões. Mais uma vez, vemos que as propriedades do clitóris mágico que levam ao prazer são mais aproveitadas por um bom amante do que por muitos amantes medíocres. E, embora essa pesquisa possa parecer datada, essas descobertas são confirmadas ainda hoje na terapia sexual.

Agora, aqui está uma boa armadilha: existem componentes do sexo que são mais importantes do que o tão procurado orgasmo.

Segunda diferença: o quociente emocional

> *"Dizemos que somos livres, quando, na verdade, eles têm ereção mesmo quando estão com uma mulher com a qual não se importam nem um pouco, mas nós não conseguimos chegar ao orgasmo a menos que seja com alguém que amamos. Que tipo de liberdade é essa?"*
>
> — Doris Lessing, *The Golden Notebook*

Apesar de ter sido escrita no início dos anos 1960, a reclamação de Doris descreve bem um dilema que as mulheres enfrentam diariamente no novo milênio: você pode ser livre para buscar sexo como os homens, mas os prazeres mais profundos exigem algum nível de envolvimento emocional. A pergunta é: Será que as mulheres precisam de pelo menos algum tipo de vínculo para conseguir chegar ao orgasmo? Uma maneira de responder a essa pergunta pode ser analisar o que acontece quando não há qualquer ligação emocional.

Diferente dos executivos e dos políticos, seu orgasmo nunca mente. Ele escancara a verdade sobre uma relação sexual, independente de você querer ver ou não. Em termos clínicos, o orgasmo feminino libera uma explosão de oxitocina, também conhecido como o hormônio da confiança. É o que faz você se sentir acolhida e protegida e facilita essa sensação de envolvimento. Contudo, se não há nada com que se envolver, se não houver qualquer conteúdo emocional mais forte durante o ato, o orgasmo se torna uma lembrança lamentável do sexo sem sentido que o precedeu. É o chamado *arrependimento pós-orgasmo* e, em geral, se manifesta na forma de tristeza ou raiva. Se você já tiver sentido uma pontinha que seja de arrependimento logo depois de uma relação sexualmente gratificante (ou seja, com orgasmo), é provável que tenha sido o tal do arrependimento pós-orgasmo (embora os lençóis de má qualidade dele possam ser um fator que contribua para isso).

Mas e se você nem mesmo estiver chegando ao orgasmo? Bom, aí você pode estar experimentando o arrependimento *pós-fingimento* — arrependimento de ter ajudado o cara a se livrar de você enquanto fingia. É claro que não existe qualquer evidência científica que comprove essas teorias. Com orgasmo ou não, lembre-se de que, para as mulheres, o sexo acaba resultando em algum vínculo emocional, mesmo que seu cérebro esteja dizendo: "O que estou fazendo na cama com esse contador careca e fora de forma?"

EXISTE ALGUM IMPERATIVO EVOLUCIONÁRIO?

Muito se faz a partir da noção de que os homens e as mulheres são guiados por imperativos evolucionários diferentes e, muitas vezes, conflitantes. Os homens, conforme descrito pela teoria, são orientados a espalhar sua semente no maior número de recipientes possível e são, portanto, biologicamente propensos à promiscuidade (e aparentemente a se reclinarem em poltronas enormes). Já as mulheres, que ostensivamente tentam levar a corrida mais além, buscam um único provedor forte. O sexo, no cenário feminino, é mais um meio para o fim.

Em *A história íntima do orgasmo*, Jonathan Margolis desenvolve mais a idéia. "Parece que, para as mulheres de qualquer cultura, durante um ato sexual, toda a jornada — desde a cantada até as preliminares — tudo é importante, enquanto o fim é muito mais um objetivo secundário", defende. "Essa realidade aparente contribuiu para a visão comum, e possivelmente correta, de que as mulheres são 'negociadoras' que trocam favores sexuais por segurança, e não pelo sexo em si."

Portanto, mesmo com a segurança da contracepção e a certeza de que podem buscar prazer puramente pelo prazer, existe algum mecanismo evolucionário à prova de falhas que impede as mulheres de transarem como os homens.

Nos dias de hoje, em que as relações são tão rápidas, tanto online quanto na cama, quais são as opções? Se outras mulheres estão transando para conseguir receber mais atenção, no momento ou a longo prazo, será que lhes resta mesmo alguma outra opção? É claro que sim. Da mesma forma que somos criaturas com nossos próprios imperativos biológicos, também somos seres humanos equipados com a capacidade de tomar decisões conscientes e de lutar por nossas necessidades mais primordiais. Você não precisa entrar em negociações ou joguinhos para encontrar o amor que procura, mas precisa fazer uma boa avaliação de si mesma, de seus padrões e de como suas ações estão afetando todas esses fatores.

Terceira diferença: você não quer saber só do orgasmo

"O orgasmo é a cereja do sundae. *Mas todas as outras partes são deliciosas."*

— Leslie, 28, maquiadora, Cleveland

Tenho dado muito cartaz ao orgasmo, portanto pode parecer meio estranho sugerir que existem outras facetas da experiência sexual que também podem ser importantes. Uma pergunta que costumo fazer às mulheres é: se você não tiver um orgasmo, o sexo, ainda assim, é prazeroso? Quase todas respondem que sim, citando intimidade e carinho como as principais razões para gostarem de sexo. Agora, os homens também gostam de carinho, mas, para eles, orgasmo e sexo são praticamente a mesma coisa (isso tem suas origens na biologia, uma vez que procuram espalhar sua semente). Os homens são orientados ao objetivo final, enquanto as mulheres aproveitam todas as partes da experiência, mesmo que não "cheguem" ao final propriamente dito.

Quando solicitadas a descrever a melhor parte do sexo, muitas mulheres citam o primeiro momento da penetração, e não o orgasmo. Quando perguntadas pelo motivo, quase todas mencionam a sensação de união que o ato traz, o que é especialmente irônico se considerarmos que quase todas as terminações nervosas que contribuem para o orgasmo feminino estão localizadas na superfície da vulva e exigem estímulo externo, e não a penetração, para descarregar uma resposta sexual.

De fato, muitas posições sexuais, principalmente a queridíssima papai-e-mamãe (a mais popular em todo o mundo, de acordo com antropólogos), nem mesmo entram em contato com o clitóris. Todavia, se é um resultado de fatores culturais e emocionais ou simplesmente as possibilidades de procriação simbólica resultante do ato, a relação com penetração parece trazer um prazer emocional às mulheres que supera o componente fisiológico da resposta sexual. Isso não acontece com os homens. É muito raro um homem que aproveite o sexo sem um orgasmo ou mesmo que seja capaz de separar os dois (a menos que ele seja um desses tipos tântricos, caso em que você terá de lidar com inclinação por sarongues e cânticos).

Não estou insinuando que você deva se reorientar na direção contrária ao orgasmo, mas também acredito que estamos vivendo na era do arrependimento pelos orgasmos. Desejo que seus orgasmos sejam prazerosos e gratificantes. É claro que você é capaz de transar como os homens, mas não deve fazer isso abrindo mão de transar como uma mulher.

Quarta diferença: talvez você precise de algo mais

"Eu certamente dormi com homens com os quais sabia que jamais me envolveria. Mas, para isso, eu tinha de sufocar minhas emoções, o que me tornou uma pessoa

fria. Então, acabei eliminando minha capacidade de realmente sentir prazer com isso."

— Christine, 28, vice-presidente de serviços financeiros, São Francisco

Tendo a consciência de que o sexo sem compromisso tem menos chance de recompensá-la com um orgasmo ou qualquer outro benefício emocional mais forte, então o que você ganha com isso? Será que os custos de transar por transar são maiores do que os benefícios? Faça a conta e chegue à sua própria conclusão.

Para algumas mulheres, uma transa casual pode ser uma forma de "praticar" para o momento certo. Livres de qualquer preocupação se o cara vai gostar delas no futuro ou não, essas mulheres usam essas transas como um aquecimento. Outras alegam que o anonimato permite que sejam mais selvagens e despreocupadas do que normalmente seriam.

Um dos custos potenciais de uma transa casual, no entanto, é que pode ser bastante decepcionante. O que você julga casual e sem sentido pode dar origem a um sentimento de envolvimento, colocando-a em uma montanha-russa emocional. Nós, seres humanos, não precisamos de muito para acreditar que a outra pessoa gosta de nós ou nos considera especial. Mesmo as mulheres que entram em uma relação totalmente conscientes de que não existe qualquer compromisso acabam desenvolvendo sentimentos genuínos pelo cara.

Algumas mulheres (pacientes, amigas, a mulher da lavanderia) ficam revoltadas quando sugiro que o sexo e as emoções estão mais inextricavelmente ligados na mulher do que nos homens. Entretanto, quando digo isso, trata-se, na verdade, de um elogio à sexualidade feminina. Como homem e terapeuta sexual, posso garantir que, no final das contas, os homens também gostariam de ter mais do que orgasmos sem valor, mas precisam se esforçar mais para isso. Você pode aprender a transar como os homens, mas isso não significa que, lá no fundo, os homens não gostariam de transar como as mulheres.

E mesmo que você não tenha qualquer custo emocional, infelizmente, pode haver algum preço social. Por mais liberal que o mundo seja, existe ainda um padrão de dois pesos e duas medidas que classifica a hipersexualidade entre as mulheres como algo vulgar — o peso da vergonha, o novo estilo do milênio. Isso é algo fora de moda ou um julgamento ignorante? Claro que sim, mas ainda existe. De acordo com uma pesquisa recente realizada com três mil mulheres, 25% concordaram que poderiam ter uma transa de uma noite apenas sem se envolver nem um pouquinho, mas 80% dessas mulheres se arrependiam de sua conduta, o que, às vezes, as fazia se sentir como "vagabundas".

A questão é como você encara seu comportamento e o quanto se preocupa com o que os outros pensam. Se estiver saindo com alguém e desconfiar que gosta dele, esse comportamento poderá ser desestimulante para o homem. Como discutiremos mais tarde, a busca e a conquista do sexo possuem conseqüências inesperadas na forma como isso funciona no cérebro masculino. Quanto mais ele correr atrás, mais provavelmente valorizará, e mais chances teremos de esse processo de busca terminar em romance.

Isso significa que você deve fazer jogo duro? De jeito nenhum, principalmente se estiver mesmo atrás de sexo. Só não se autoflagele por estar sendo "fácil" ou culpe o pobre rapaz por estar pensando assim também. O sentido de sexo casual é ser fácil mesmo. O que não significa que não exista nenhum estigma social que venha no pacote, seja positivo ou negativo. É por isso que o termo "fácil" é em geral intercambiável com termos mais depreciativos. Você está sendo fácil quando faz sexo sem compromisso? Claro que sim, mas por que gostaria de ser difícil? A menos que, naturalmente, você acabe sentindo remorso ou fique triste, isso não se transforma em mais nada.

Fala sério!

Sim, você pode transar como os homens. De certa forma. Você deve? Bom, a escolha é sua. Existem algumas diferenças físicas e emocionais entre os sexos. E sexo sem compromisso, em geral, parece melhor na teoria do que realmente é na prática. Por mais que você desfrute de sua liberdade sexual e busque prazer, talvez não consiga "florear" o sexo. Transar pode ser uma forma de se conformar. É como comer algo na lanchonete quando está morrendo de fome. Na hora satisfaz, mas costuma deixar aquela sensação de "nunca mais".

Eleve (seus padrões) e conquiste (o amor)

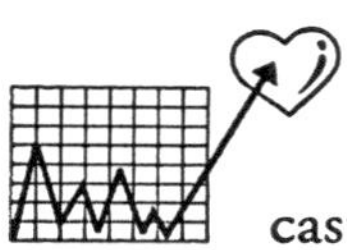

- **A decisão é sua:** você pode transar como os homens, mas não se esqueça de que, quanto mais casual a situação, menores as chances de você ter um orgasmo ou qualquer estado emocional de felicidade.

- **Acredite no que o sexo diz:** se estiver se sentindo com raiva ou arrependida depois de uma relação sexual, escute o que seu corpo está dizendo. Da mesma forma, se estiver se sentindo acolhida, talvez esteja no caminho certo.

- **Os meios ou o fim?** Você é capaz de distinguir os prazeres do sexo e as qualidades emocionais? Se estiver fazendo sexo casual como um meio para um fim (o prazer de um orgasmo corpo-a-corpo), passear pelos "meios" pode ser mais perigoso do que o esperado.

- **Defina-se:** alguns atos sexuais podem ter mais peso do que outros, por uma infinidade de razões — racionais e irracionais. Mesmo que algo pareça irracional, siga seus instintos. Não internalize. Os julgamentos sociais e seus próprios limites morais podem fazê-la sentir como se estivesse fazendo algo errado. Se for esse o caso, mude de comportamento, mas não internalize os julgamentos de outros.

3. Você também não está a fim dele, mas isso não a impediu de transar como um homem

"As mulheres precisam de uma razão para fazer sexo; os homens só precisam de um lugar."

— Do filme *Amigos, sempre amigos*

CONFORME DISCUTIMOS no capítulo anterior, muitas mulheres estão por aí tentando transar como os homens. Mas o que significa "transar como os homens"? A menos que se veja em outro *remake* de *Sexta-feira muito louca* e acorde com um pênis, você jamais saberá como é. No entanto, não se preocupe. Vou guiá-la pela jornada.

Será que os homens realmente fazem sexo de maneira tão diferente das mulheres? Caso façam, existem diferenças sociais ou biológicas? E o que os homens têm que os permite ter prazer em situações sem qualquer emoção?

Para tentarmos conseguir uma resposta potencial, vamos recorrer à natureza e explorar por que a "atração animal" é a regra em vez de a exceção (se fosse uma aula de biologia, estaríamos mostrando uma série de *slides*, portanto não durma!).

Dos homens e dos ratos

> *"É claro que a idéia de amor e felicidade e de todas aquelas coisas é bastante atraente. Mas o que isso tem a ver com transar?"*
>
> — Steven, 33, corretor de imóveis, Atlanta

Vamos falar sério, aquele cara com quem você dormiu (sim, aquele mesmo, que usa toneladas de Drakar Noir) não transou como um homem e sim como um rato. O que quero dizer com isso? Bom, como muitos mamíferos, os ratos não são monogâmicos. Sua principal preocupação é o ato sexual, não o parceiro com quem estão fazendo sexo. Tenho certeza de que soa bastante familiar. Nessa analogia, os ratos contrastam com o arganaz-do-campo, um pequeno animalzinho fofo que possui a notável distinção de estar entre os 3% de todos os mamíferos que copulam para a reprodução. (É isso mesmo, 97% dos mamíferos não fazem isso, inclusive muitos dos homens que você costuma trazer para casa de um bar às duas horas da manhã.)

Diferentemente dos ratos, o arganaz-do-campo é seletivo. Sim, eles prestam atenção em com quem estão dormindo porque sexo é parte de todo um processo de acasalamento. Eles buscam isso para a longa jornada — não estão interessados só em sexo, mas, assim que escolhem um parceiro, cruzam como loucos (mais de 50 vezes em dois dias) e então começam a estabelecer vínculos para toda a vida: fazer o ninho, copular, proteger e alimentar. No caso do arganaz-do-campo, o sexo fecha um contrato; entre os ratos, é apenas um meio para um fim: mais sexo.

Agora, embora você possa estar tentada a sugerir que os homens são ratos e as mulheres são arganazes-do-campo, minha experiência diz que não é tão pão-pão, queijo-queijo assim (existe um pouco de rato em todas vocês mulheres e muitos homens possuem um arganaz-do-campo dentro de si, em algum lugar, bem escondido).

Com o tempo, verificou-se que os ratos e os arganazes-do-campo têm algumas coisas em comum. Os dois produzem uma substância química no cérebro chamada dopamina. Ogden Nash escreveu que "doce é bom, mas o álcool é mais rápido". Bom, a dopamina deixa os dois engolindo poeira. Ela é considerada uma anfetamina natural e exerce um importante papel na excitação sexual e na conquista do objetivo. Ela nos prende ao sexo; é parte do coquetel de substâncias liberadas pelo sexo que nos intoxicam durante o ato. Entretanto, dê uma chance à dopamina, e ela realizará uma façanha de alquimia: transforma o calor da testosterona em amor romântico. Quando o sexo é negado, ela dispara os centros de recompensa no cérebro masculino — ele quer cada vez mais, e é a dopamina que alimenta a jornada.

A dopamina é a substância cuja "ausência faz o coração ficar mais apaixonado". Contudo, quando é disparada durante o sexo casual, não tem qualquer chance de se estabelecer. Nos ratos, a dopamina alimenta a busca pelo próximo orgasmo, que, em geral, está bem na próxima esquina. No entanto, na presença de dois outros hormônios — vasopressina (nos homens) e oxitocina (nas mulheres) —, ela nos leva a depositar nossas emoções disparadas pela dopamina em uma única pessoa, inspirando, assim, a monogamia. Conforme já mencionado no capítulo anterior, a oxitocina é o hormônio responsável pelo arrependimento pós-orgasmo. Quando você está com alguém de quem gosta, ela resulta na sensação de completude quando ele a abraça forte. Nos homens, a vasopressina ajuda a se sentir protetor e terno (e, bem lá no fundo, paternal). Pense nesses hormônios como um gole de cerveja dado à dopamina — fazem você ultrapassar os limites, mas também fazem a caçada valer a pena.

Quando você transa por transar com alguém de quem não está muito a fim, está soltando o rato que existe em você, em vez de buscar seu arganaz-do-campo em seu companheiro ideal que anda se comportando como um rato. É importante observar, a partir de um ponto de vista psicológico, que as mesmas substâncias químicas que inspiram o homem a transar como um rato podem fazer com que faça amor como um arganaz-do-campo.

Sexo é algo poderoso e uma das desvantagens de torná-lo casual é a desvalorização de um dos principais componentes do processo da conquista: o que costumo chamar de dança ou, para vocês arganazes-do-campo que estão por aí, a caça. Não estou dizendo que você não possa fazer sexo casual, se apaixonar e viver feliz para sempre, mas é bem menos provável, e certamente mais do que um desafio, quando entendemos como somos equipados. A verdade é que a natureza já nos equipou com essas ferramentas antes da contracepção, e a revolução sexual aperfeiçoou ainda mais o sistema.

Então, o que isso significa? Basicamente que a natureza está mais preocupada com a propagação de futuras gerações do que com uma boa transa.

O homem em ponto de bala

> *"Existem alguns dias em que literalmente não posso nem sair do escritório para almoçar, porque minha cabeça parece que vai explodir com toda essa oferta de mulheres bonitas nas ruas da cidade. Sinto como se estivesse em um mar de sexo."*
>
> — Mark, 35, banqueiro de investimentos, Nova York

Quantas vezes por dia você pensa em sexo? Pense, agora some um e, em seguida, multiplique esse número por cem — é provavelmente o número mínimo de vezes em que um homem pensa nisso. Por que somar um? Porque algumas mulheres não pensam nenhuma vez em sexo durante o dia, pelo menos não de uma forma gráfica.

Isso não significa que as mulheres não pensem em sexo — na verdade, é justamente o contrário. É que as mulheres não pensam da mesma maneira que os homens. Eles respondem fortemente a estímulos externos, como pornografia, anúncios e uma mulher de minissaia. Ficam tão loucos com estímulos externos que, às vezes, tudo que fazem é pensar em sexo. E acredite, não é exatamente um mar de rosas.

As mulheres pensam em sexo com mais freqüência quando há algum estímulo interno — pensar em um homem de quem gostam, em um ex-namorado ou às vezes apenas numa situação especial. Os homens quase sempre fantasiam e se masturbam pensando em partes do corpo — são materializadores intuitivos, enquanto as mulheres são mais situacionais; é parte da razão pela qual a nova geração de pornografia voltada para as mulheres se concentra mais em histórias e enredos do que na forma popular "direto ao ponto", encontrada nos filmes adultos masculinos.

Dito isso, quando um homem coloca sua imaginação para funcionar e se masturba usando os estímulos internos, é em geral com uma mulher de quem gosta ou já gostou. Ele pode estar em ponto de bala para você, mas será que isso acontece porque você é gostosa ou porque sente alguma coisa especial e específica por você?

Amor à primeira ereção?

> *"A verdade é que os homens são capazes de classificar as mulheres rapidamente. Existem três grupos: mulheres com as quais podem vir a ter algum relacionamento, mulheres com as quais estão interessados em transar e mulheres nas quais não tocariam nem depois de cinco doses. Mas esse é o problema do álcool: você não tocaria nela depois de cinco doses, mas isso não quer dizer que você não venha a tocar nela depois de dez doses."*
>
> — Jack, 32, advogado, Cleveland

De Romeu e Julieta até Dawson e Joey, do seriado *Dawson's Creek*, estamos todos embutidos da idéia romântica de amor à primeira vista. Mas esse tipo de amor se encaixa na forma masculina de ver as coisas? Será que os homens têm mais chances de experimentar o fenômeno do que as mulheres? Em minhas pesquisas realizadas com casais felizes, quando perguntados, "em que ponto do relacionamento vocês tiveram a certeza de que queriam passar o resto da vida um com o outro?", invariavelmente, os homens costumavam dizer que já tinham sentimentos bastante precisos logo no início, enquanto a maioria das mulheres dizia ter precisado de mais tempo para decidir (falando por mim, eu já estava completamente envolvido por minha esposa no segundo encontro, mas ela levou um tempo significativamente maior para decidir que eu era o homem certo).

De acordo com a famosa antropóloga Helen Fisher, autora do notável livro *Por que amamos,* os cientistas observaram que, quando nos apaixonamos, existe uma maior atividade nas partes do cérebro masculino associadas ao processamento visual do que nas partes correspondentes do cérebro feminino, além de uma maior atividade nas partes do cérebro associadas à excitação sexual. "Quando o momento é certo e um homem *vê* uma mulher atraente, ele já está anatomicamente equipado para associar imediatamente as características visuais atrativas a sentimentos de paixão romântica. Um tremendo dispositivo de namoro." É bem provável que seja exatamente isso que faz com que ele lhe dê flores.

Na verdade, essa propensão à visualização também trabalha de forma reversa, por isso se critica tanto a capacidade dos homens de selecionar uma grande variedade de parceiras sexuais. Eles experimentam um fenômeno conhecido como "antecipação pré-orgasmo". Essa sensação é tão potente que pode influenciar o cérebro masculino a desenvolver essa associação quase que do ar. Por causa disso, à medida que nossas oportunidades de sexo casual em uma dada situação diminuem, mais capacidade temos de justificar um conjunto maior de opções.

Tradução: vamos ficar com qualquer mulher que sobrar. Alguns homens gostam de chamar essa situação de "efeito da cerveja", mas, com álcool ou não, os homens sempre reduzem seus padrões a níveis que as mulheres não são capazes de imaginar nem de longe — por isso aquela prostituta velha e sem dente ainda consegue ganhar um bom dinheiro. Pode ser que a gente não veja a hora de sair do carro assim que o trabalho chega ao fim, mas nos sentiríamos extremamente execráveis se não tivéssemos tentando ao máximo estar ali.

Agora vou contar uma coisa que você provavelmente já sabe: os homens são guiados por suas ereções. Entretanto, o que você precisa saber é que tipo de ereção está impulsionando seus pensamentos. Bom, depende de muitas coisas, porque existem três tipos.

O primeiro tipo, produzida por estímulo erótico, é considerada uma *ereção psicogênica*, ou o que gosto de chamar de "ereção cerebral". Os homens também experimentam *ereções reflexas* a partir de estímulo genital direto, que gosto de chamar de "ereção corporal". E, finalmente, as *ereções noturnas*, que ocorrem espontaneamente durante ciclos REM. É por isso que, em geral, os homens são os primeiros a acordar querendo fazer sexo.

Em termos das ereções psicogênicas, os experimentos demonstram que os estímulos visuais e auditivos são essenciais, por isso os rapazes respondem facilmente à pornografia. As mulheres também respondem a material psicogênico, mas precisam de outros componentes; e é nesse ponto que as diferenças emocionais entre os sexos começam a aparecer.

As ereções reflexas são causadas pelo estímulo de impulsos nervosos locais na área genital. O estímulo oral ou manual estimulará as fibras nervosas no pênis, ativando o circuito reflexo que coloca em ação uma série de eventos que aumenta o fluxo sangüíneo e resulta em uma ereção. É por isso que os homens respondem muito mais rapidamente a estímulos físicos e por isso simplesmente o estímulo físico também pode ser usado para, humm, para fazer a bola rolar. Isso também explica por que as prostitutas podem receber todo tipo de estímulo físico (e oferecer também) sem ficar nem um pouquinho excitadas. Diferente dos homens, as mulheres não respondem com tanta facilidade a esses estímulos externos.

Sr. Categorizador

> *"Meu último namorado dizia que me amava, mas, mesmo assim, me traiu com uma* stripper. *Ele pediu perdão e veio com milhares de desculpas, dizendo que era só sexo, mas, quando estou apaixonada, não quero transar com mais ninguém."*
>
> — Jane, 30, estudante, Berkeley

Como já estamos descobrindo, existem diferenças fundamentais entre homens e mulheres quando o assunto é sexo. Parte disso tem sua origem na forma como o desejo e a excitação estão relacionados nos homens.

Para ilustrar esse ponto, vamos recorrer a nossos amigos farmacêuticos. A Pfizer ficou tão entusiasmada com o sucesso do Viagra entre os homens que mal podia esperar para desenvolver uma pílula azul para as mulheres. No entanto, depois de alguns testes clínicos realizados com milhares de mulheres — conduzidos da mesma forma que os testes realizados nos homens, com uma pílula e um pouco de pornografia —, acabou abandonando a idéia definitivamente.

Por quê? Embora o Viagra tivesse o mesmo efeito psicológico nos homens e nas mulheres (estimulava o fluxo sangüíneo na genitália), ele não criava um desejo imediato por sexo. O Viagra só fazia as mulheres sentirem uma espécie de cócegas na pélvis, e nada mais.

Isso levou a Pfizer e os demais laboratórios farmacêuticos a concluírem que os homens são estimulados genital e visualmente quando o assunto é desejo sexual — faça o cara ter uma ereção e ele imediatamente irá querer usá-la —, e esse desejo é um assunto muito mais delicado nas mulheres. Para entender o que faz uma mulher se excitar sexualmente, é preciso entrar em sua cabeça. Para os homens, o desejo e a excitação são praticamente a mesma coisa, mas, para as mulheres, o desejo, em geral, exige componentes que não precisam estar necessariamente presentes nos homens: intimidade, afeição, confiança, humor, respeito e uma sensação de segurança. Os homens também apreciam esses sentimentos, mas não exigem necessariamente sua presença para ficarem com tesão ou fazerem sexo.

Essa diferença na maneira como os homens experimentam o desejo explica por que somos capazes de separar sexo e amor.

Também explica por que somos os principais consumidores de pornografia e prostituição. Tudo de que precisamos é um estímulo externo para disparar o desejo, que, por sua vez, estimula a excitação. Ou vice-versa: tudo de que precisamos é um pouco de excitação física para estimular o desejo. Nos homens, é simplesmente um ciclo de alimentação automática. Nas mulheres, não é bem assim. O desejo leva à excitação, mas a excitação nem sempre leva ao desejo.

O outro lado: os homens também têm sentimentos

Embora esteja argumentando que os homens agem mais como ratos do que as mulheres, vale a pena lembrar que existem pelo menos dois lados da sexualidade masculina. Por um lado, são mais capazes de separar sexo e amor, o que permite que façam sexo sem emoção. Contudo, não significa que não queiram a emoção. Como terapeuta sexual, encontro muitos homens que já traíram ou estão pensando em trair, e muitos deles estão em busca de uma ligação emocional que não têm mais em casa. Minhas experiências são reforçadas por conversas travadas com outros terapeutas sexuais: no final das contas, os homens estão procurando mais do que uma simples transa, o que explica por que sexo sem compromisso, em geral, não é suficiente para resultar em amor romântico ou por que, quando o sexo se torna rotineiro e mecânico em um relacionamento longo, ele também deixa de satisfazer. Pode ser mais fácil excitar um homem, mas isso não quer dizer que estejam fundamentalmente menos interessados em amor romântico ou emocional.

Além disso, há uma outra diferença entre homens e mulheres quando o assunto é sexo: quando um homem está com alguém que ama, encara o sexo como a expressão emocional máxima. O sexo é uma forma de expressar suas emoções, e muitas mulheres não entendem isso, porque estão mais do que acostumadas a expressar suas emoções de outras formas. Para os homens, fazer amor e expressar amor são a mesma coisa; por isso alguns homens esperam para fazer sexo ou evitam atos de intimidade como sexo oral. O que ele faz, ou não faz, é uma expressão do que sente.

Fala sério!

Existem os ratos e existem os arganazes-do-campo. Talvez, quando você faz sexo sem compromisso, seja simplesmente um arganaz-do-campo em pele de rato.

Ao considerar os elementos biológicos, alguns dos conselhos populares antigos, como se fazer de difícil, podem fazer algum sentido. Não porque você esteja em um jogo, mas porque sexo é relativo. Não existem verdades absolutas: sexo pode ser frívolo ou íntimo, dependendo de como você faz. O problema é que, às vezes, para um dos parceiros (geralmente aquele que faz a barba), é semelhante à masturbação, enquanto para o outro dá início a uma relação emocional. Mesmo quando as mulheres e os homens começam do zero em uma relação sexual, a tendência é que alguma coisa aconteça de forma diferente. Pode chamar de psicologia, mas os homens tendem a se tornar ratos com mais freqüência, enquanto as mulheres tendem a ser arganazes-do-campo.

Eleve (seus padrões) e conquiste (o amor)

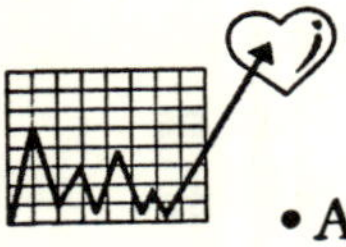

Ele é um rato ou um arganaz-do-campo?

• **Aquele homem que telefona com segundas intenções ou um homem com um plano?** O arganaz-do-campo não tem falta de desejo sexual (às vezes, fazem sexo mais de 50 vezes em alguns dias), mas obedece a um processo de seleção. Querem fazer sexo com alguém com quem ficarão a vida toda. Os ratos não são assim. O arganaz faz planos para o futuro.

• **Aprendendo a conhecer você:** se ele for um arganaz-do-campo, não só desejará que o sexo faça parte de um relacionamento mais profundo, como também terá interesse em conhecer você e vê-la como mais do que sexo. Mais importante ainda: desejará que você o conheça.

• **Olhos nos olhos:** na minha experiência, os ratos não têm qualquer problema com o sexo. Os arganazes-do-campo são aqueles que têm, porque adicionam significado e intimidade a determinados atos (penetração, sexo oral) e podem querer adiar esses atos caso desejem sentir toda essa significância. Pense nisto: ele pode estar tentando evitar determinados atos porque não a associa a esse nível de intimidade.

• **O quanto ele se entrega e se envolve durante o ato?** Ele a beija? Ele faz isso com carinho? Os homens entendem a diferença entre trepar e fazer amor, e serão mais íntimos, gentis e carinhosos com alguém com quem desejam ter um relacionamento sério.

• **Um rato na pele de um arganaz-do-campo:** falar é fácil para muitos homens, e certamente existem aqueles que sabem muito bem como é fácil elogiar, mentir e até mesmo dizer "Eu te amo". Portanto, quando fizer uma retrospectiva de algum encontro, coloque o som no mudo e observe seus atos. Os ratos falam para conseguir transar; os arganazes-do-campo, para se comunicar.

- **Lembra o arrependimento pós-orgasmo?** Os homens também sentem, só que de outra forma. Eles se sentem presos e desejam se libertar. Os homens dizem simplesmente qualquer coisa só para conseguir chegar ao orgasmo, mas, alguns minutos depois do evento, é bem possível que se arrependam (uma versão de arrependimento de ratos). Se ele estiver impaciente, como um animal enjaulado, falando sobre tudo que precisa fazer e verificando as mensagens de e-mail no BlackBerry, é bem possível que não esteja vendo a hora de escapar dos seus braços.

4. Questões de múltipla escolha
Volume 1

KAREN É UMA EXECUTIVA de marketing de 33 anos. Vive em Chicago, Illinois, onde mora desde que se formou na Universidade de Virgínia, em 1993. Trabalha em uma pequena empresa de moda e ama o que faz. Costuma ir a trabalho a Nova York e à Europa pelo menos uma vez a cada estação. É uma mulher segura, confiante e, geralmente, contente com sua vida. Não sente que precisa ter um homem para ter algum tipo de apoio financeiro ou emocional. Mas é bastante consciente para saber que deseja se casar e ter filhos. Não na próxima semana, mas em algum momento no futuro.

Hoje à noite ela tem algumas opções. É sexta-feira, e a semana de trabalho foi longa e difícil. Está estressada e, para ser sincera, ligeiramente irritadiça. Para piorar, seu último namorado firme (Steve, advogado, quem namorou por dois anos) acabou de ficar noivo, e ela ficou sabendo disso por um daqueles e-mails coletivos, enviado por um amigo em comum. Era só o que faltava no final de uma semana que já estava sendo muito difícil.

Para fins deste exercício, você controlará o destino de Karen hoje à noite. Nessa simulação bidimensional, você escolhe os resultados de seus atos em sua vida (ou pelo menos nesta sexta à noite).

Karen tem as seguintes opções:

a) Ficar em casa, com uma excelente garrafa de vinho, pedir comida japonesa, lavar roupa, navegar por alguns sites de encontro na Internet e, em seguida, se masturbar antes de dormir cedo.

b) Encontrar algumas amigas em um barzinho para beber alguma coisa, conversar, olhar as pessoas e, em geral, encher a cara, mas deixando aberta a possibilidade de diversão.

c) Responder a um e-mail enviado mais cedo por Greg, um parceiro de transa, perguntando o que faria na sexta à noite, sabendo bem que ele está disponível e pronto, e que é um homem que está longe de se jogar fora.

d) Escrever uma longa carta de reclamação para o autor deste livro, sugerindo que este teste se baseia em generalidades e é ligeiramente condescendente com as mulheres.

Selecione a melhor resposta a partir das opções listadas anteriormente. Em seguida, escreva por que acredita que essa é a melhor opção em 20 palavras ou menos.

Vire a página para ver a resposta. Você tem cinco minutos para concluir o teste.

NÃO VIRE A PÁGINA ATÉ CONCLUIR O TESTE

Resposta:

Que resposta você escolheu? Hum. Se você escolheu qualquer uma das respostas, caiu em nossa inteligente (e possivelmente irritante) armadilha. A resposta correta é todas as anteriores. Em qualquer sexta à noite, Karen (ou você, por exemplo) poderia ter escolhido qualquer uma das opções (é possível que até mais de uma opção ocorra na mesma noite), dependendo de como se sente. Não existe uma única resposta "correta". Existem simplesmente opções.

Se este livro tivesse o objetivo de descrever "regras" ou um "programa" simplista (ou seja, se eu quisesse insultar sua inteligência), poderia dizer que uma opção seria a "correta" e que existiria um conjunto fixo de comportamentos que deveria ser seguido para conquistar um cara e encontrar o amor.

No entanto, você sabe que não é bem assim que o mundo funciona, e eu também sei disso.

Ainda assim, vale a pena (nem que seja só por diversão) olhar cada uma das opções mais de perto e analisar suas conseqüências.

Para isso, apresento a vocês "A noite de sexta-feira de Karen: partes 1-3".

Opção A: a que fica em casa

Ficar em casa sexta à noite. Para os casados, chama-se "vida". Para os solteiros, é um luxo. Mais vezes do que gostaria de se lembrar, você tem passado suas noites de sexta entre encontros lastimáveis e sessões de reclamações com as amigas. Ficar em casa e não fazer nada pode parecer uma opção atraente, quando comparada com essas outras. Pode ser uma opção saudável quando você está cansada do mundo e querendo se recompor. Você não é uma farrista; não precisa sair só para dizer que saiu.

Portanto, hoje à noite, depois de sair de uma longa conferência telefônica, Karen dá uma passada na academia e, em seguida, se joga no sofá e abre uma garrafa de Geyser Creek Pinot Noir (1998), que ganhou de um homem com que teve um casinho que, por acaso, tinha quase bom gosto para vinhos (e, portanto, conseguiu durar três encontros depois de sua safra).

Havia uma semana inteira de correspondência acumulada para organizar, roupa precisando desesperadamente ser lavada e um DVD que estava em cima da mesa para assistir. Era mais do que o suficiente para ocupá-la durante a noite toda. Além disso, poderia acordar cedo amanhã e aproveitar o fim de semana sem ressaca. Isso: finalmente conseguiria tempo para ir à exposição de Monet, almoçaria com uma amiga e poderia até mesmo trocar a velha cortina do boxe.

Vestiu o suéter favorito, arrumou o cabelo e organizou sua noite. Colocou as roupas escuras na máquina de lavar, pediu o jantar e, assim que o sushi chegasse, já poderia colocar a primeira leva de roupas na secadora. Nesse meio-tempo, organizaria sua correspondência (a maioria era composta de contas e, claro, dois convites de festas de noivado). Qualquer coisa, qualquer coisa mesmo que pudesse ocupar sua mente, para que se esquecesse um pouco que estava em casa, sozinha.

A comida chegou, bem na hora em que a máquina de lavar terminou o primeiro ciclo. A noite estava saindo conforme o planejado. Mas, depois de meia garrafa de uísque, depois de terminar a sopa missô e o sushi, começou a sentir uma pontinha de curiosidade. E, embora tenha prometido a si mesma que daria um tempo nos encontros on-line, o laptop parecia chamá-la, como sempre. Resolveu atender ao chamado.

Ao se conectar ao site de encontros, vê seis novas mensagens de pretendentes prospectivos. As mensagens não lidas pareciam dizer "Leia-me". E, por um momento, sentiu um arrepio, com a esperança de ter um possível romance. Embora tenha excluído imediatamente quatro mensagens (três delas não tinham foto, e uma delas era de um homem casado, em busca de um pouco de "diversão"), as duas restantes tinham potencial; pelo menos era o que parecia. Decidiu não responder naquela noite (o que esses caras pensariam dela se soubessem que estava em casa em plena sexta-feira à noite respondendo a e-mails?), mas passou mais 40 minutos navegando pelos perfis. Como acontece com freqüência, vê homens com quem já saiu antes (alguns, inclusive, que, embora não fossem nada demais, jamais telefonaram para marcar um segundo encontro). Muita areia para um caminhãozinho só.

Ligeiramente irritada, mas ainda animada por ter visto algumas novas opções, desliga o computador e vai para o quarto e para o conforto do inseparável vibrador (não o Rabbit, que suas amigas elogiavam tanto, mas um Dolphin mais mundano que, junto com seus dedos, fazia uma mágica muito maior do que a maioria dos homens com quem já saiu.) Outra sexta-feira à noite na cidade grande chega ao fim, com um prazer proporcionado por si mesma. A roupa teria de esperar até amanhã para ser dobrada.

Opção B: uma noitada com as amigas

[Retratação: se esse cenário parecer clichê, provavelmente será porque todas as melhores situações que envolvem mulheres urbanas solteiras já foram usadas em algum episódio de *Sex and the City*.]

Depois de uma semana difícil deixando o mundo mais seguro para ponchos de *cashmere*, Karen sente que merece uma noitada com as amigas mais próximas (ou, pelo menos, aquelas amigas que não são casadas ou não estão em situação de ficar freqüentando bares à noite). Sua amiga Stephanie, a mais louca do grupo, está na lista de uma festa em Sapphire, um novo clube com segurança na porta e com filas organizadas com cordas de veludo em Wicker Park (a resposta de Chicago a Greenwich Village). Estar na lista significava que não precisariam esperar na interminável fila ou pagar a ridícula taxa de entrada, mas não as protegeria do ataque dos homens lá dentro. Não que Karen estivesse reclamando. Se os planos da noite dependessem dela, teriam ido ao McKinon's, um barzinho próximo a seu apartamento, com uma lareira e um nível de decibéis que realmente permitiam que um grupo de amigos fizesse algo além de gritar "o quê?" um para o outro sob os estrondos de uma música techno. Entretanto, Stephanie está liderando a turma, e Karen é uma companhia obediente, em seu jeans apertado e sapato Prada, bem alto, e cabeça erguida, com a promessa de mais uma noite de sexta-feira.

Sapphire. Até o nome parece gritar "lugar que nem merece ser visitado". Mas lá estavam elas, Karen e cinco amigas próximas (duas moraram juntas na época da faculdade e as outras três eram colegas do trabalho). Todas solteiras (Stephanie já fora casada uma vez, e as outras duas tinham acabado de terminar relacionamentos longos, em que dividiam a mesma casa) e espertas o suficiente para saber que os únicos homens encontrados dentro de boates eram homens de quem jamais ficariam a fim (mas que, entretanto, pagariam um drinque). Então, por que estavam ali? Bom, o coração sempre traz esperança de que a mente esteja errada. Pelo menos é essa esperança que sempre nos faz sair sexta à noite, não é? É sempre *possível* que o amor de nossa vida esteja dentro daquela boate infeliz em que estamos entrando, quietinho em um canto, esperando nossa entrada triunfal.

A noite vai passando, e são pedidas (e naturalmente entornadas) bandejas de drinques caros à base de frutas. Dão muitas risadas juntas. Em seguida, dançam e logo as garotas são convidadas para entrar na sala VIP por um grupo de investidores que celebravam uma semana recheada de grandes negócios (mercado do café, minha amiga, o bom e velho café). Os homens eram inofensivos — rapazes divertidos, ligeiramente burgueses, mas agradáveis o suficiente para dividir uma garrafa de champanhe. Karen tinha dificuldade de distingui-los, uma vez que, essencialmente, pareciam um cópia do outro (e de todos os caras com cabelo batidinho, formados em administração e talento para entrar no Banana Republic), mas estava disposta a aceitar o desafio.

Então, aconteceu uma coisa engraçada. À medida que a noite ia passando e a minifesta progredia, Karen e um dos investidores começaram a conversar. Doce James (como ele gostava de se chamar) não era exatamente o cara mais bonito do lugar, mas era muito gentil e destilava elogios, e toda essa atenção fez com que Karen se sentisse especial. Ele era, como o autoproclamado apelido já indicava, muito doce. Aproveitando o calor do momento, Karen começou a se soltar (o Ketel One e o Red Bull também estavam ajudando); e se soltou tanto que permitiu que James sentisse seu corpo enquanto dançavam aquele "remix" quente da Christina Aguillera. Ela estava jogando seu nome na lama, claro, mas quem seria capaz de reconhecê-la no meio daquelas luzes e de toda aquela fumaça artificial? Além do mais, era uma mulher sexualmente liberada e tinha todo o direito de fazer o que bem desejasse. Deixando a pista de dança, James e ela procuraram um sofá bem reservado e continuaram aproveitando o momento, dois profissionais urbanos que, depois de uma longa semana de trabalho, se permitiam relaxar. O homem com quem estava se agarrando no cantinho não era o homem com quem se casaria, mas Karen se permitia ficar com os sapos enquanto o príncipe não vinha.

CORTE:
CENA NO ESTÚDIO: ESCRITÓRIO DE KAREN, CINCO DIAS DEPOIS

Karen não vai para casa com Doce James (mesmo depois de muita deliberação). Ainda assim, vê-se torcendo para que ele mande notícias. Quando a colocou em um táxi no final da noite, trocaram cartões, e ele disse que "mandaria um e-mail durante a semana". Mencionou a possibilidade de saírem para tomar um chope, o que ela sabia que significava que estava interessado em sexo, não em sair. A semana já está quase no fim e ainda não teve notícias dele. Então, lá está ela, sentada no escritório, apertando freneticamente o botão ENVIAR/RECEBER do seu programa de e-mail, torcendo para que entre uma nova mensagem. Não que estivesse assim *tão* a fim dele — não era nem muito inteligente, tampouco bonito (apesar de ganhar milhões de dólares no mercado, ela certamente tinha tirado notas mais altas no vestibular — e, se aos 29 anos seu cabelo já estava ficando com entradas, imagine aos 40!). No entanto, quanto mais ele a ignora, mais deseja receber um telefonema ou um e-mail. Não está a fim dele, mas, por alguma razão, deseja que ele esteja a fim dela, apenas para que possa dispensá-lo.

Opção C: a segunda intenção

O bom e velho Greg, também conhecido como Sr. Backup. Como um sentinela no portão de um castelo, Greg está sempre alerta. Karen e Greg se conheceram pela Internet, em um site de encontros conhecido por ser, de certa forma, "moderninho" em suas ofertas. O primeiro encontro dos dois foi mais um encontro divertido do que cheio de romance e com a promessa de um futuro, mas, às vezes, é assim mesmo e, para Karen, estava mais do que bom. Esse acordo casual já vinha há mais de um ano e, pelos seus cálculos, embora não fosse amor, pelo menos era constante e estava sempre à disposição quando precisava. Ela tem 33 anos e já está sentindo os efeitos do seu auge sexual. Pelo menos, faz o dever de casa direitinho, por assim dizer.

E se ela e Greg não eram exatamente amigos, eram amigáveis o suficiente para transar de semanas em semanas. Ela o acha bonito (e suas amigas também), e ele sabe quais botões deve apertar. Karen se sente muito poderosa por poder transar como um homem, sempre que desejar, sem qualquer um daqueles aspectos emocionais confusos. Quem precisa de um namorado para cuidar e de todas aquelas obrigações? Todos os caras que conhece já transaram por aí e fizeram sexo inexpressivo (mas decente), então ela também podia. Seu acordo com Greg é a prova de que isso é possível.

Contudo, seus horários no trabalho e suas viagens não estavam lhe deixando muito tempo livre ultimamente. Havia meses que ela e Greg não tinham uma daquelas noites. Karen estava a fim de se divertir um pouco, e a mensagem de texto que recebeu no começo da semana anunciava uma diversão inesperada, mas bem-vinda, para fechar uma semana tediosa repleta de reuniões. Greg sabia como provocá-la com palavras, e suas conversas eram decididamente picantes. Para Karen, a preparação e o papo eram fundamentais para esquentar o clima, e isso é uma coisa que tem muita dificuldade de trazer para relacionamentos mais sérios. Mas, com Greg, conseguia se soltar e sair do controle, e toda essa liberdade era muito excitante. Não há timidez ou preocupação em relação ao que ele vai pensar no dia seguinte. Na verdade, em geral, nem há dia seguinte, uma vez que raramente passam a noite toda juntos. Era um relacionamento construído com base nas necessidades mútuas e na eficiência, nada mais. Nenhum dos dois está sendo enganado, e eles são sinceros em relação a outros aspectos de sua vida amorosa. Karen não se importa que Greg saia com outras mulheres, desde que se proteja e que esteja disponível para quando ela quiser.

Assim, lá está ela a caminho do apartamento de Greg na Lincoln Park, às 22h15 nessa sexta-feira, vestindo sua elegante lingerie coberta por uma saia de lã até o joelho e uma blusa frente única creme. Há muito tempo já tinham desistido de encontros em bares, porque acabavam saindo e deixando o copo de chope pela metade, para ir correndo para casa arrancar a roupa do outro. Era mais honesto ir direto ao ponto. E Karen adorava a idéia de aparecer na porta de Greg com um pensamento tão perverso (não era a mesma coisa que entrar em um motel com um casaco de *mink* até o calcanhar e nada mais, mas era um bom começo).

Quando chegou, Greg tirou suas roupas lentamente, dedicando um bom tempo para admirar todo o trabalho que teve para escolher o figurino. Entretanto, a delicadeza dura pouco. Em pouco tempo, ele já se transforma em um adolescente afoito e, em vinte minutos, já atingiram o objetivo. E, embora Karen tenha chegado ao orgasmo em alguns desses encontros com Greg, hoje não foi um desses dias. De certa forma, a idéia desse romance é melhor do que o sexo em si. Quando acaba, Greg pula logo da cama para mostrar a Karen alguns CDs e livros novos que comprou. Ele tem o hábito de se levantar logo, para arrumar o apartamento ou para ler seus e-mails. Ela não espera (ou deseja) qualquer tipo de intimidade, apesar de, em geral, estar pronta para um segundo *round* bem antes dele. Portanto, simplesmente fica deitada, olhando para suas roupas largadas no chão, sentindo-se vazia e não particularmente satisfeita.

Ela se veste e se arruma para ir embora, apesar de Greg garantir que voltará a entrar em ação depois de descansar só um pouco. Mais do que qualquer outra coisa, tudo que Karen deseja naquele momento é tomar um banho, assistir a um pouco de televisão e ficar sozinha. Teria de terminar o que Greg começou, quando chegasse em casa (Greg não chega aos pés do Dolphin). Ao dirigir para casa, começa a considerar a sabedoria desse quase-relacionamento. Se o sexo não é assim nem tão maravilhoso, qual o sentido disso tudo? E esse relacionamento casual estava em sintonia com o que esperava da vida? Quando chega em casa, promete a si mesma que colocará um ponto final nessa história com Greg e em relacionamentos casuais. Mantém a promessa por seis semanas, até uma certa tarde de sexta-feira, em que recebe uma mensagem bem provocativa convidando-a, mais uma vez, para uma noite de prazer.

Opções, opções, opções. Ter opções é um luxo, e é melhor do que nada. Mas o desafio que você enfrenta é saber como usá-las.

Parte 2:
O MERCADO

5. Você também não está a fim dele, mas decidiu sair com ele por enquanto

"A vida passa muito depressa. Se você não parar um pouco para prestar atenção ao que está acontecendo à sua volta, você acaba perdendo muitas coisas."

— Ferris Bueller, no filme *Curtindo a Vida Adoidado*

"EU SÓ ESTOU SAINDO com ele por enquanto." O sentimento me lembra algo que Pablo Picasso disse a alguns artistas aspirantes: "Nunca pegue um trabalho meio período, porque logo ele já estará ocupando todo o seu tempo." É claro que, por ser um pintor, Picasso não se importava em passar um pouco de fome de vez em quando, diferente do resto de nós, famintos. Se ele tivesse sido terapeuta, provavelmente teria alertado suas pacientes a desistirem do "saindo por enquanto", uma vez que isso, com muita freqüência, leva a um relacionamento tempo integral com homens dos quais não estão a fim (Picasso teria dito isso em francês, o que teria feito soar muito mais romântico).

"A arte é a mentira que diz a verdade", também disse Picasso, um sentimento que se aplica tanto ao cubismo quanto aos encontros. Em outras palavras, a imagem é tudo. Deixe-a falar por você e, em pouco tempo, ela já estará falando sozinha. A imagem se tornará a verdade, deixando a motivação lá para trás, esquecida. Bom, mas chega de falar dos mortos, é hora de voltar para a realidade.

O tempo não está do lado de ninguém

> *"Bom, conheci esse cara e sabia que ele não era o cara certo para mim. Mas ele era tão persistente, e eu andava tão entediada, que, depois de um tempo, ele já estava passando as noites aqui em casa. Logo já estava morando comigo, e as pessoas começaram a perguntar, 'Você está noiva?' 'Quando vocês vão se casar?' etc. etc. Ninguém jamais me perguntou 'você está apaixonada?', e acho que eu mesma estava evitando me fazer essa pergunta. Depois de algum tempo, ficamos noivos e durou dois anos, e jamais marcamos a data. Finalmente, ficou claro para os dois que estávamos apenas acomodados. Então, terminamos. Eu adoraria poder dizer que encontrei um cara maravilhoso que mudou minha vida, mas a verdade é que, mês passado, fiz 36 anos, e ainda estou nessa vida difícil de encontros e desencontros."*
>
> — Connie, 36, corretora de imóveis, Nova York

Esses encontros "por enquanto" baseiam-se na crença de que o tempo é infinito. Entretanto, na realidade, "por enquanto" é uma perda de tempo, o que significa diversas oportunidades perdidas. É claro que você estará aproveitando o momento, mas é um momento que pode se arrastar tediosamente e que não tem qualquer importância. Quando você vive no modo "por enquanto", está constantemente se deixando de lado e encarando a vida de forma reativa, e não pró-ativa.

"Por enquanto" é a mesma coisa que dizer: "Isso é só por enquanto. Um dia, as coisas serão diferentes." É como ficar adiando sua vida o tempo todo. Bom, meninas, escutem uma coisa: *um dia já chegou.* Um dia é agora; é perceber que você reduziu seus padrões e se acomodou em um padrão de baixas expectativas.

Contudo, não precisa ser assim. Na minha linha de trabalho, conheci vários casais, e você ficaria impressionada de ver quantos encontraram o amor de suas vidas depois de sair de relacionamentos do tipo "por enquanto", em geral em meses ou até semanas. Quando perguntei por que ficaram tanto tempo com pessoas que sabiam ser as erradas, muitos responderam que faziam por obrigação, por amizade ou simplesmente por medo de ficar sozinhos. A logística também entrava em cena ("nenhum de nós queria abrir mão do apartamento — era alugado"), mas o amor ou a paixão jamais eram citados. Enquanto você estiver vivendo dessa forma, nunca saberá o que está perdendo. Assim, sua vida é só um ensaio para um show que jamais acontecerá.

Ficar saindo com alguém por enquanto também pode significar o que minha amiga Maria chama de "sair por causa de um jantar". É verdade, parece piada, mas, quando as mulheres fazem isso, estão se acomodando. Tornam-se artistas que se apresentam em noite única na cidade. Também deixam de ser verdadeiras com elas mesmas, porque entram em cena por causa de um homem que estão tentando impressionar. É claro que, quanto mais atuam, menos percebem que não estão interessadas no cara com quem estão saindo.

Esses caras "passatempo" dão às mulheres um falso sentimento de segurança. Eles criam um determinado nível de conforto fazendo com que se sintam melhores em relação a si mesmas porque estão tendo um encontro meio morno no sábado à noite, em vez de estarem sozinhas em casa comendo quentinhas do Vigilantes do Peso e assistindo a um daqueles filmes intermináveis.

VOCÊ TEM MEDO DE SI MESMA?

A autofobia é um medo persistente e anormal de ficar sozinho. O autofóbico costuma ter pavor de ser ignorado ou de não ser amado. Hoje em dia, acho que todos nós somos um pouco autofóbicos. Com que freqüência nos definimos em termos dos outros? Somos populares, respeitados, bem integrados, líderes, membros de equipe. Ficamos dependentes dos outros para definir quem somos.

Muitos de nós não passamos muito tempo sozinhos. Saímos de nossa família para os colegas e para os relacionamentos. Ficamos craques em lidar com os outros, mas, muitas vezes, à custa de não aprendermos a lidar com nós mesmos. E, hoje em dia, no mundo interconectado e baseado na tecnologia (e-mail, mensagens de texto e telefone celular), é muito fácil evitar esse tipo de diálogo interno e introspecção que forçam a auto-reflexão e a autopercepção.

Exatamente como um bichinho de estimação, esses relacionamentos "passatempo" são outra forma de evitarmos ficar sozinhos. Quando saímos com alguém "por enquanto", em geral é porque temos medo de lidar com nós mesmos; perdemos a capacidade de nos julgar sem a intermediação do julgamento dos outros.

Antes e depois

"Para mim, é a diferença entre sair em uma sexta à noite e ficar em casa. Se não tenho nada melhor para fazer, por que não?"

— Amelia, 33, executiva de moda, Los Angeles

Os "passatempos" não vivem o hoje e o agora; vivem o *antes e o depois.* "Por enquanto" é uma defesa. É uma maneira de segurar suas apostas e evitar correr riscos que possam levar ao crescimento pessoal. Enquanto vivem o "por enquanto", as pessoas costumam ter grandes planos: entrar em forma, inscrever-se em um curso, mudar de emprego, entrar na novela, mudar de vida. O presente é banalizado; o futuro é o que importa. Todas aquelas coisas em sua vida que lhe incomodam estão ali só por enquanto. Esses mesmos "passatempos" acreditam que estão no controle de seus destinos só porque mantêm uma vida social agitada.

No entanto, mais do que qualquer outra coisa, os relacionamentos "passatempo" são motivados por medo. Pode ser o medo de confrontar o cara com quem está saindo, o medo de ficar sozinha ou o medo de ter de voltar ao mundo das encalhadas e aquela vida louca de encontros e desencontros, mas é medo mesmo assim. E esse medo impede que você dê um passo importante na direção do controle de sua vida. Pior ainda: ele a mantém no limbo e reduz os padrões que você se permite tolerar.

Às vezes, o "antes e depois" não está relacionado ao futuro, e sim ao passado e a não ser capaz de seguir em frente, como no caso de Emily e suas "lembranças de encontros passados":

"Jonathan era meu namorado na faculdade. Acompanhei-o quando foi para Los Angeles, fui morar com ele e fiquei esperando que me pedisse em casamento. Mas isso nunca aconteceu. Finalmente, terminamos e comecei a sair com outros caras, mas não conseguia deixar de compará-los a Jonathan. Meus amigos ficavam me lembrando como ele era um idiota e como me tratava mal, mas eu o mantinha em um pedestal. Ele sempre será aquele que deixei escapar, e não sei se qualquer outro cara algum dia chegará aos pés dele — mesmo que agora já esteja casado, barrigudo e careca. Ainda assim, uma parte de mim tem medo de se machucar de novo, então é muito mais fácil continuar no passado do que lidar com o presente."

Emily pode estar olhando para o passado, mas ainda está vivendo o "por enquanto", trocando o presente por algum outro ponto no tempo.

O espelho namorado

"Quando você está sozinha, não se sente tão atraente, porque não tem ninguém dizendo o quanto você está gostosa. Você fica dependente daquela voz e acaba desenvolvendo a obrigação de ter um namorado: é precisoe ter um a qualquer preço. Mesmo que ele seja todo errado, é melhor do que nada".

— Cathy, 35, executiva de marketing, Indianápolis

Quando eu era adolescente, nunca consegui entender aquelas revistas femininas como *Cosmopolitan* e *Glamour* (e por que mesmo eu lia essas revistas? Boa pergunta). Partindo do princípio de que tinham sido criadas para consumidoras femininas, não fazia o menor sentido que as modelos fossem tão perfeitas e artificiais. Foi então que caiu a ficha: revistas como *Playboy* foram criadas para o olhar masculino, e revistas como *Cosmo* foram criadas para que as mulheres se vissem através do olhar masculino. As mulheres internalizaram o olhar masculino, e ele as segue aonde quer que vão.

Como resultado disso, a auto-estima de muitas mulheres afunda em uma crise, pois o valor que se dão baseia-se no julgamento de todos os homens, reforçado por aquele com quem estão saindo. Se não estiverem saindo com ninguém, o problema fica ainda maior. Quando reduzem a questão ao julgamento de um único homem, elas se sentem mais seguras e mais desejadas por todos os outros. Sem essa afirmação masculina única, elas se sentem sem qualquer valor. Às vezes, as mulheres ficam ou fazem sexo sem compromisso apenas para ter aquele instante de massagem de ego, para poder reduzir todos os homens a uma única ereção que diz que são atraentes e desejáveis, mesmo que seja só "por enquanto".

A insustentável leveza da ficada

"Quando tinha vinte e poucos anos, costumava ficar com vários caras que jamais acreditei serem os caras certos. Saía e ficava com eles e às vezes até namorava, mas sempre dizia para mim mesma que estava com eles só enquanto o cara certo não chegava. Mas quer saber? Acabei ficando presa em uma armadilha, porque não estava me colocando à disposição para conhecer o cara certo, mas o ideal sempre fazia com que os outros não tivessem a menor graça. Quando penso nesses caras com quem acreditava só estar passando o tempo e esperando o homem certo, vejo que, talvez, eles pudessem ser o cara."

— Amy, 35, corretora de ações, Phoenix

Imagine passar anos a fio com o sentimento de que nada do que se vive importa *ainda*, que em algum ponto do futuro começará a valer a pena e que o presente não conta. Esse sentimento parece familiar? Você já disse alguma vez a si mesma que as coisas iriam entrar no lugar assim que você [preencha a lacuna: por exemplo, publicasse aquele livro, perdesse cinco quilos, encontrasse um cara legal, ganhasse aquela promoção, ganhasse sua própria coluna, comprasse aquele apartamento, mostrasse a todo mundo etc.]? Quem não ficaria com as esperanças adormecidas depois de dedicar tanta energia a coisas que não importam nem um pouco? E quem não iria querer se convencer de que pelo menos um pouco desse esforço valeu a pena, que toda aquela energia gasta com aquele babaca que você às vezes chamava de namorado (quando não chamava de nomes piores) serviu para alguma coisa?

Não estou dizendo que você só deva viver o momento. É impossível, pelo menos de acordo com Milan Kundera, que chamava isso de a "insustentável leveza do ser". Não podemos viver cada momento como se fosse o último, porque, dessa forma, todos os momentos seriam sérios demais. Então, fazemos exatamente o oposto. Vivemos leve e frivolamente, desperdiçando os momentos. Isso pode ser melhor ilustrado pelas "ficadas", que acabam se traduzindo em relacionamentos acomodados, deixando a vida passar por nós.

Mas, se não devemos viver o momento, o que devemos fazer? O melhor caminho, embora não seja nada fácil, é encontrar um meio de felicidade entre essas duas possibilidades — viver confortavelmente o agora sem deixar de lado o momento tratando como se fosse algo "por enquanto". Confuso, né? Chamo isso de a Insustentável Leveza dos Relacionamentos (ILR), e acredito que seja mais uma forma de pensar do que um caminho de ação. Entretanto, a vida é sua, é você que deve saber quais são seus atos e suas intenções.

Em relação à ILR, você deve determinar se o cara com quem está ficando possui, nem que seja lá bem no fundo, potencial para ser o cara certo do momento. Se ele for apenas um cara "passatempo", cabe a você mudar de rumo imediatamente. Não dá para adiar. A vida é preciosa demais para ficarmos presos em um ciclo interminável de "passatempos" que jamais se relacionarão de verdade com você aqui e agora.

Seus padrões estão altos demais? Por enquanto, disfarce-os

"Conheço muitos homens, mas está cada vez mais difícil conhecer alguém que tenha todas as qualidades que espero encontrar. Se ele não for ligeiramente calvo, então é divorciado, ou pior ainda, com quase 40 anos e ainda solteiro. Ou então não é nada disso, mas tem alguma coisa errada com o sapato que ele usa."

— Jane, 36, gerente de marketing, Nova York

Uma das conseqüências da percepção de que você está ficando com "passatempos" e de que está na hora de tomar uma atitude é ficar sozinha. Pode ser um passo assustador, mas vale a pena tentar, porque, dessa forma, você se sentirá mais forte e independente. Embora seja difícil, é necessário se você quiser mesmo sair em busca do amor que merece.

Entretanto, do mesmo modo que você deve ter consciência quando está com alguém pelas razões erradas, precisa avaliar se está sozinha porque sabe o que quer e se recusa a se acomodar ou porque seus padrões estão altíssimos, em patamares impossíveis de serem alcançados. É saudável conhecer a si mesma, e estou mesmo incentivando-a a elevar seus padrões. Mas, junto com esses padrões, deve vir a capacidade de analisar as coisas de forma realista. Isso significa ficar às vezes com um homem que, como a maioria de nós, tem alguns defeitos.

Buscar a perfeição é outra maneira de viver "por enquanto", só que do outro lado do rio. Ainda assim, você está deixando de lado o presente (oportunidades reais de encontrar pessoas legais que talvez não atendam a suas altas expectativas, impossíveis de serem alcançadas) em troca do futuro (a perfeição vai chegar em breve). É uma questão de consciência. O que estou dizendo é que você não deve se acomodar e ficar com menos do que merece. Existe uma diferença entre perfeccionismo e saber o que quer. É a diferença entre rejeitar um cara porque ele usa o sapato errado e perceber que vocês têm idéias diferentes sobre criar os filhos. É claro que o sapato é importante, mas, por acaso, é razão suficiente para descartar alguém? Como você verá mais tarde, graças a mim, minha esposa conseguiu ver muito além das minhas péssimas escolhas de calçado.

O outro lado: cego por enquanto

> *"Não tenho mais seis meses para deixar o cara me mostrar quem ele é. Não posso me dar ao luxo de perder tanto tempo assim. Se não sentir que ele vale a pena depois do terceiro encontro, ele é apenas um cara para passar o tempo, e eu sou uma mulher sem tempo para isso."*
>
> — Melissa, 34, editora, Seattle

Existe uma diferença sutil, mas importante, entre ficar com um cara para passar tempo e dedicar tempo suficiente para decidir se gosta mesmo dele. Um dos pontos principais deste capítulo é fazê-la perceber que talvez esteja se acomodando. No entanto, você não deve fazer isso cercada de todos os cuidados do mundo. Como sugerido anteriormente, a Insustentável Leveza dos Relacionamentos é um bom meio.

O problema de ser cuidadosa demais é que, dessa forma, você jamais dará uma chance a quem quer que seja. No mínimo, deve se permitir conhecer quem ele é. Agora, isso pode acontecer no primeiro encontro ou levar alguns meses. Está nas suas mãos, mas gostaria apenas de dar um conselho: não seja rápida demais no julgamento. Se o seu radar "por enquanto" estiver definido com parâmetros altos demais, você já estará convencida de que isso só serve para passar tempo até o romance de verdade começar. Ele pode até ser o *cara*, mas você já estará predisposta a não ver ou não acreditar. Se luzes de néon estivessem piscando na sua frente ELE É O CARA, você provavelmente desviaria os olhos da luz, viraria as costas e iria embora.

Em outras palavras, fique alerta para não se acomodar com "passatempos" prolongados, mas não feche os olhos para todos os homens que conhece.

Fala sério!

Como a lenda do funk Morris Day costumava cantar: "Que horas são?" Embora sua resposta padrão fosse "Hora de perder a cabeça", você precisa aplicar essa pergunta à sua vida amorosa. Se sua resposta for "ainda não", faça uma avaliação. Como acontece no sexo casual, pode ser bom ficar de vez em quando com alguns caras ou fazer sexo sem compromisso com algum "passatempo".

Mas não se esqueça de que muitos "passatempos" podem, somados, significar uma grande perda de tempo e muita confusão. É claro que você provavelmente vai aprendendo ao longo do caminho e talvez o sexo nem seja assim tão ruim. No entanto, você está ficando com ele porque quer ou porque precisa (ou seja, ele só está ali para lembrá-la de que você é atraente e que vale a pena enquanto espera o homem certo)? Se é o medo que a mantém nesse tipo de relacionamento "passatempo", você está se negando a chance de encontrar outras oportunidades, para o crescimento pessoal e para encontrar outros parceiros potenciais. Como a nicotina e *os reality shows*, os "passatempos" podem se tornar um hábito. Independentemente de você estar se segurando naquele carinha com quem transa de vez em quando, ficando com um cara que não é o certo ou simplesmente ficando só por ficar, eles irão tomando conta de você até se tornar um vício completo. Mais importante ainda, você pode acabar se convencendo de que existe alguma coisa real entre vocês apenas para evitar o fato de estar gastando toda essa energia em algo que não serve para nada. E, então, aquele cara com quem você jamais imaginou ter alguma coisa mais séria pode acabar se transformando no homem certo.

Eleve (seus padrões) e conquiste (o amor)

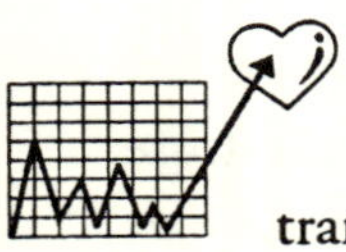

- **Escute o Pablo:** não fique perdendo tempo em relacionamentos meio-período... Logo, logo ele se transformará em um relacionamento tempo integral.

- **Transforme o "passatempo" em "titular absoluto":** faça com que valha a pena; transforme o relacionamento em algo de verdade. Se ficar baixando seus padrões e perdendo tempo, pode estar perdendo uma chance real de encontrar o amor. Faça o hoje ser algo importante enquanto torna o "por enquanto" *significativo.*

- **Caminhe com leveza:** encontre o equilíbrio entre viver cada momento como se fosse o último com a postura de sempre acreditar que o amanhã guarda o que você realmente deseja. Viva hoje, mas fique de olho aberto no amanhã.

- **Caia na real:** ter padrões é ótimo, mas não coloque os parâmetros lá no alto de forma que ninguém seja capaz de superá-los. Não ser realista é outra forma de viver "por enquanto". Se pensar que um cara pode ser bom naquele momento, não se livre dele como se fosse apenas um "passatempo". Leva tempo para construir um relacionamento. Apesar de seu relógio biológico e emocional estar batendo, você deve isso a si mesma: dê ao cara o tempo de que ele precisa para se provar para você.

- **Abaixe a ponte levadiça:** não deixe que se aproveitem de você, mas não tenha tanto medo assim de entrar no jogo, para não correr o risco de perder algumas ótimas oportunidades.

6. Você também não está a fim dele, mas não existem mais homens interessantes disponíveis

"Muitas mulheres gastam mais cérebro escolhendo um cavalo no terceiro páreo do Belmont do que quando estão escolhendo um marido."

— Do filme *Como Agarrar um Milionário*

A CANTORA DE BLUES Bessie Smith expressou divinamente em 1927 o sentimento de que "É duro encontrar um bom homem", também conhecido como é bom encontrar um homem duro (uma tarefa muito mais difícil antes do Viagra). Dito isso, a falta de homens bons no mercado tem sido citada pela maioria das mulheres que entrevistei como uma das principais razões para continuarem ficando com os "passatempos". Francamente, não acho que vocês, mulheres, estejam se fazendo justiça.

Se nós, homens, estamos assim tão abaixo das expectativas, por que então vocês validam nosso comportamento inadequado se "acomodando"? De fato, deixe-me cruzar a fronteira entre os sexos e me aventurar um pouco mais: talvez já tenha passado da hora de vocês começarem um boicote. Para aqueles homens que não estejam alcançando os padrões mínimos de decência, quando o assunto é relacionamento (por preguiça, falta de esforço, indiferença), é hora de começar a dizer não. Parem de reforçar positivamente o mau comportamento e, acreditem, nós começaremos a tomar jeito.

Abordando isso de outra forma, se a qualidade do seu restaurante favorito começar a cair de repente, você continuaria pagando caro para comer uma salada de queijo de leite de cabra rançoso? Você não iria a outro lugar ou, na pior das hipóteses, cozinharia você mesma? Bom, se os homens não estão correspondendo às suas expectativas, talvez esteja na hora de você começar a boicotá-los também e passar a se servir em outro lugar.

É duro achar um bom homem?

> *"De longe, parece que há um monte de homens por aí. Pelo menos é o que eu vejo nas ruas. Então, por que não conseguimos encontrar um para namorar? Sempre acabo ficando com um cara por quem não sinto nada."*
>
> — Karen, 33, antiquária, Chicago

Então, as palavras de Bessie Smith ainda refletem a verdade? Talvez sim. Mas vamos analisar se é uma questão de quantidade ou qualidade. A partir de um ponto de vista puramente numérico, não faltam homens disponíveis no mercado. Nascem 100 meninos para cada 100 meninas. Entre as pessoas entre 30 e 34 anos, existem quatro homens solteiros para cada três mulheres solteiras. Isso significa que você poderia se livrar de 25% dos homens solteiros nesse intervalo — e tenho certeza de que, nesse momento, vários candidatos surgem em sua cabeça — e, ainda assim, haveria um homem para cada mulher; a menos que você viva em Nova York, em que as taxas são tristemente contrárias (bom, se você consegue pegar alguém aqui, certamente conseguirá em qualquer outro lugar — eu sei, comentário sem sentido).

Então, não existe uma falta genuína de homens, *per se*. O que vocês estão reclamando não é de falta de quantidade e sim de qualidade. Se estiver reclamando, isso, por si só, já será um bom sinal. Significa que não está mais disposta a se acomodar com um cara de quem não gosta. É melhor esperar pelo homem certo do que sair por aí simplesmente por sair. E, como veremos mais adiante na próxima seção, parece que há tão poucos homens no mercado porque as mulheres, como você sempre suspeitou, são mais espertas, mais maduras e muito mais capazes de estabelecer relacionamentos saudáveis em termos emocionais e sexuais.

O incrível aumento de seus padrões

> *"Passei muito tempo cuidando de mim, e acho que mereço alguém que tenha feito o mesmo e com quem, sinceramente, valha a pena gastar tempo."*
>
> — Samantha, 37, pediatra, Nova York

Então, o que acontece? Por que muitas de vocês já decidiram que os homens que estão por aí, basicamente, não servem para nada? Bom, embora os homens não tenham mudado tanto quanto provavelmente poderia se desejar desde 1927, as mulheres mudaram. Seus padrões vieram aumentando ao longo dos anos. E o que era considerado "bom o suficiente" ou até mesmo "excelente" para sua mãe ou avó não convence mais (desculpe-me, vovô). Vocês são mais espertas, mais bem preparadas e muito mais bem-sucedidas do que antes. E isso significa que não estão mais em busca de um protetor ou provedor, mas sim de um parceiro com quem tenham uma relação de igualdade.

Hoje em dia, as mulheres são maioria na graduação das universidades. As mulheres estão dirigindo corporações e até mesmo governos. E justamente por causa dessa independência elas têm escolhas. E cada vez mais mulheres estão preferindo ficar sozinhas a se acomodar com alguém que "dá para o gasto".

Esses avanços têm conseqüências emocionais. Muitas mulheres de hoje não estão loucas para sossegar logo depois da faculdade. Como os colegas do sexo masculino, vocês querem viajar pelo mundo e ver o que a vida tem a oferecer. Querem namorar e experimentar coisas novas, romântica e sexualmente. Mais pragmáticas do que as antepassadas, estão escolhendo viver com um homem antes de aceitar uma proposta de casamento ou de se casar, pelo menos por um tempo. Eis que, de repente, os anos de estereótipos culturais vêm e resolvem bater à sua porta.

De alguma forma e em algum momento, a mulher atual se vê no meio de uma crise épica quando completa trinta anos e ainda está solteira. É claro que algumas já tiveram conquistas pessoais e profissionais, mas a janela de oportunidades de se casar e ter filhos, antes escancarada, agora parecer estar se fechando. É verdade. Vocês estão em melhor forma, mais saudáveis e têm mais acesso aos recursos da medicina do que seus pais, mas, ainda assim, seus óvulos têm um tempo de vida curto.

Então, você sai à caça de um homem, um que seja tão bom quanto você (se é que isso é possível) — bem-sucedido, atraente, bem preparado e sério. E por que razão você não iria querer exatamente isso?

Entretanto, parece que a maioria dos homens, pelo menos aqueles que parecem ótimos no papel, não está nem um pouco impressionada com suas qualificações quanto deveria estar. Ficariam muito mais felizes em se dar bem com aquela jovem recepcionista gostosa do que caminhar lado a lado com uma mulher que acabou de se tornar sócia da empresa.

E, enquanto os homens descansam com seu diploma (em geral, assistindo a jogos de futebol), as mulheres usam seu tempo para se tornar, digamos, muito melhores em quase tudo (mais cultas, mais informadas, mais completas, mais envolvidas social e politicamente, pode escolher). O problema de encontrar um bom homem é que vocês se tornaram boas demais para nós.

Ser esperta significa ser paciente

> *"A preparação para a vida familiar é, a princípio, deliciosa e empolgante. As ruas estão cheias de todo tipo de casas maravilhosas (e de homens), e as escolhas parecem intermináveis. É só na hora em que chega o momento de você comprar o imóvel (ou romance) que as possibilidades de decepção se revelam. É difícil encontrar um conjunto de qualidades que esteja à sua altura. As casas com "potencial" significam anos e anos de reformas desgastantes. E aquele lugar com aquela vista maravilhosa? Estava no mercado há tanto tempo que não é possível que não exista nada de errado com ele."*
>
> — *Wall Street Journal*, 3 de janeiro de 2003

As pessoas socialmente conservadoras e aquelas sem a menor visão poderão dizer que essa analogia com a procura de uma casa é a terceira onda feminista. Basicamente, vocês estão colhendo o que plantaram. Dedicaram tanto tempo à formação acadêmica, à carreira, a explorar sua sexualidade e a buscar diversão que agora querem apagar o bolo e encerrar a festa e acabam descobrindo que é tarde demais. Vocês podem colocar anúncios pessoais na Internet e ficar quanto quiserem, mas vocês prepararam sua cama de solidão e agora têm de deitar nela: o preço que têm de pagar por serem tão independentes é que, nesse meio-tempo, perderam a chance de encontrar um homem. Os bons homens já foram agarrados pelas meninas conservadoras e, agora, tudo o que lhe resta é baixar seus padrões ou então ficar encalhada a vida toda.

Deixe-me dizer uma coisa em alto e bom som para todas vocês: tudo isso é uma grande besteira!

De acordo com Barbara Dafoe Whitehead, co-diretora do National Marriage Project (Projeto Nacional de Casamento), na Rutgers University, as mulheres que esperam mais para se casar são mais maduras, mais seguras financeiramente e têm mais noção do tipo de pessoa com quem podem viver felizes do que aquelas que se casam bem jovens. Além disso, alguns estudos demonstraram que os casamentos realizados mais tarde tendem a ser "estáveis e a durar mais". Portanto, talvez o provérbio que diz que "apressado come cru e quente" pode ter razão.

Barbara também destaca que, na verdade, as mulheres com nível superior completo têm mais chance de se casar e menos chance de se divorciar. "Nossas previsões apontam para que os níveis de casamento sejam maiores entre essas mulheres que são, em teoria, mais capazes de viver bem sozinhas — as mais preparadas em termos de educação formal", concluiu um estudo recente realizado na Universidade de Princeton. E posso dizer que minha experiência como terapeuta — além de minha escolha de me casar com uma mulher muito mais esperta do que eu — comprova esses resultados.

Os mais conservadores também apontarão a biologia para apoiar suas alegações maliciosas, sugerindo que vocês já passaram do auge. Dirão que as mulheres estão mais "casadoiras" no final da adolescência e até os vinte e poucos anos, e que os homens são condicionados a procurar mulheres dessa idade por razões físicas e por aquelas razões descritas por Darwin, independentemente de inteligência, formação, estabilidade financeira, sucesso profissional ou qualquer outra conquista dessas mulheres.

Será que existe mesmo algum homem que, entre uma mulher independente, atraente, auto-suficiente de trinta e poucos anos (ou quarenta e poucos) e uma mais jovem, só que mais dependente e menos desenvolvida emocionalmente, escolheria esta última? É claro que sim. Mas será que isso resulta em menos homens disponíveis que sejam capazes de atender às expectativas de mulheres mais velhas, mais maduras e independentes? Não exatamente, a menos que você escolha mesmo sair com esse tipo de homem.

De certa forma, isso torna o mercado mais eficiente, porque ele se livra do tipo de homem que está em busca de mulheres jovens e dependentes. A verdade é que você não quer saber mesmo desse tipo — então, deixe-os seguir suas vidas fúteis sozinhos. Não derrube as mulheres. Derrube os homens.

A FAMOSA DESCULPA "NÃO EXISTEM MAIS HOMENS INTERESSANTES NO MERCADO"

Escolha a reclamação que mais se aplica a você quando declama o mantra "Não existem mais homens bons no mercado":

Porque todos eles já foram agarrados por suas amigas

Uma das minhas pacientes costumava sempre se apaixonar pelo marido das amigas e das irmãs, o que a levava a ter fantasias sexuais com eles. Parte do meu trabalho era trazê-la de volta à realidade. Contudo, o problema estava em sua percepção de que essas mulheres tinham "roubado" todos os bons homens do mercado.

Todos os homens que estão solteiros só podem ser "mercadoria com defeito"

É um tema comum entre as mulheres que vão ao meu consultório, apesar de esse tipo de pensamento só aparecer depois de décadas de solteirice. Elas acreditam que, se um homem ainda está no mercado depois dos 35 anos, só pode haver alguma coisa errada com ele. "Se é tão maravilhoso assim, por que ninguém ainda se casou com ele", ficam se perguntando. Talvez você seja esse alguém.

Acabo tendo de namorar aqueles que não são tão bons

Será? Não é bem assim. Principalmente se você tem bastante consciência do que merece e se mantém seus padrões lá no alto, alinhados com o que você realmente espera encontrar em um relacionamento. Se estiver saindo com homens só por sair, estará se acomodando e será cada vez mais difícil encontrar os bons homens e será cada vez mais fácil para os homens "não tão bons" continuarem assim.

Porque mesmo os homens interssantes não são assim tão maravilhosos

Essa é uma variação da idéia de que "todos os homens são uns porcos chauvinistas". E, embora essa opinião possa ser validada por nossa experiência pessoal, ela está generalizando uma crença com base em instâncias específicas.

Então, vou ficar quietinha no meu canto, vivendo uma vida celibatária com meus gatos

Hummm. Isso funcionou para Madre Teresa, mas, se você estiver nessa fase do ciclo de relacionamentos amorosos, provavelmente estará se sentindo uma fracassada e até mesmo na defensiva. Se for isso mesmo que você quer, então, boa sorte com as bolinhas de pêlo. Se não for, suba novamente em seu cavalo e saia em busca de novas conquistas.

Existem, sim, homens interessantes (pode ser que você não os esteja vendo)

> *"Embora eu goste de namorar e não tenha o menor problema em ficar sozinho, uma parte de mim deseja realmente ter uma vida familiar, ter uma única pessoa para quem voltar para casa à noite. Mas sei que não devo apressar as coisas."*
>
> — Paul, 35, redator publicitário, Minneapolis

Estou sempre conhecendo caras legais que estão sozinhos ou prontos para entrar em um relacionamento de verdade. Eles também ficam decepcionados com encontros ruins, noitadas de solteiros e encontros pela Internet, exatamente como você. Pode ser que não estejam enfrentando as mesmas pressões, mas também desejam ter um relacionamento importante e sério. E, como você, já freqüentaram restaurantes a quilo demais para saber dar valor a uma refeição caseira.

Conforme já mencionado no capítulo anterior, muitos homens estão dedicando mais tempo a aproveitar a vida de solteiro. E, embora parte disso seja inspirada pelo desejo de sair e se divertir, esses homens sabem que é importante dedicar tempo a se conhecerem melhor para se tornarem bons pais e maridos no futuro. Portanto, onde estão esses homens e por que você não os encontra? Não sei ao certo a resposta — talvez estejam ocupados demais fazendo ioga ou cursos de culinária. Ou talvez você não sinta atração por eles, afinal, já está tão enraizado esse desejo por homens que não prestam que aqueles metrossexuais mais evoluídos são taxados pela mídia como menos desejáveis.

Uma tendência mais recente que anda afetando os relacionamentos está diretamente relacionada a um aumento da independência financeira entre as mulheres. Ainda que alguns homens se sintam ameaçados por mulheres que ganhem tanto quanto eles ou até mais, outros buscam exatamente uma parceira capaz de dividir as mesmas responsabilidades econômicas. Esses homens não são "caçadores de tesouro ao inverso". Muito pelo contrário. São apenas conscientes da difícil realidade de criar uma família no ambiente atual de tantas variações econômicas.

Então, qual é o grande segredo? Bom, é encontrar um homem que esteja pronto e que seja mais criativo em relação a onde você pode estar procurando por ele. A insanidade pode ser definida como ficar fazendo a mesma coisa várias vezes seguidas e continuar esperando resultados diferentes. Por acaso, é isso que você está fazendo? Fica de barzinho em barzinho, perguntando ao mesmo grupo de amigos se conhecem algum homem aceitável, olhando sempre as mesmas informações pessoais em sites on-line? Isso a torna uma pessoa insana? Ainda não. No entanto, se você continuar fazendo isso e continuar repetindo que não existem homens bons no mercado, certamente estará no caminho certo para ficar louca.

O outro lado: água, água por todos os lados!

"Sempre me vejo em uma situação em que tenho de escolher entre dois caras ou em que tenho de sair com vários caras ao mesmo tempo. Sou assediada com freqüência e adoro receber esse tipo de atenção. Só não sei como faço para reduzir as opções."

— Julie, 27, assistente jurídica, Atlanta

Embora muitas de vocês morreriam para ter o "problema" de Julie, a situação dela é provavelmente um resultado da insegurança, não um excesso de opções viáveis. Algumas mulheres (e homens) simplesmente precisam do tipo de atenção que ficar saindo com outras pessoas proporciona, e elas tendem a sair em grupo e ficam reclamando de todas as opções que têm, enquanto se divertem a caminho de sua mesa, do seu ego. Entretanto, em muitos desses casos, a questão não é ter homens adequados demais, mas sim ter muitos olhares de homens inadequados.

Essas mulheres saem demais, ficam demais. Não se conformam por falta de homem, mas por falta de objetivo ou de padrões, ou dos dois juntos. Esse tipo de mulher está sempre em busca de alguns homens bons, mas o que qualifica os homens como bons está mais relacionado com sua presença do que com sua personalidade.

Fala sério!

Conformar-se com um cara qualquer, de quem não está a fim, só porque todas as boas mercadorias já têm dono (ou nunca chegaram mesmo a existir) é mais ou menos como aceitar a derrota antes de o jogo começar. É como voltar repetidas vezes ao mesmo restaurante horrível quando existem muitas outras opções melhores bem ali na esquina. Existem homens decentes que querem a mesma coisa que você. E, no final das contas, basta um. Portanto, pare de premiar a má qualidade e comece a prestar mais atenção ao que está à sua volta. Se não gostar do que encontrou até agora, não existe nada de errado em cozinhar para uma pessoa.

Eleve (seus padrões) e conquiste (o amor)

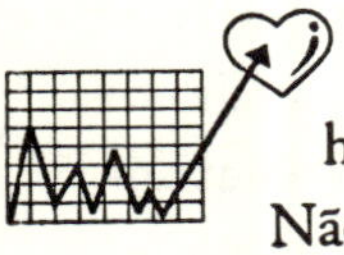

- **Onde estão os rapazes:** matematicamente, existem homens suficientes por aí. Todos servem para você? Não. Mas você não pode escapar com a desculpa de que existem pouquíssimos homens bons no mercado. Você precisa procurar em lugares diferentes. Além disso, precisa parar de reforçar positivamente o mau comportamento. Em vez de bater a cabeça contra a paredes, quebre-a.

- **Bem-sucedida demais:** não, não é bem assim. Mas, devido aos avanços em sua carreira e sua liberdade emocional, o tipo de homem que você procura está cada vez mais difícil de encontrar mesmo. Ainda assim, isso não significa que você deva se conformar com menos.

- Mas...

- **Mantenha a porta aberta:** algumas mulheres ficam presas a alguns padrões ou então a algum tipo de homem ideal que os pais enfiaram em sua cabeça ("case com um bom médico"). Não reduza suas expectativas, mas não deixe de considerar um leque de possibilidades grande o suficiente. Espere sua vez: é difícil ser paciente, mas, quanto mais você conhecer a si mesma, mais chances terá de encontrar o relacionamento certo, aquele que dá certo logo de cara. E não há dúvidas de que vale a pena esperar por isso.

- **Os homens querem a mesma coisa:** está certo. Pode ser que homens tenham um pouco mais de liberdade em termos de idade e tempo. E daí? Existem muitos homens por aí que querem exatamente o que você quer.

7. Você também não está a fim dele, mas todas as suas amigas estão se casando

"Ou eles estão casados ou são gays. E, se não são gays, acabaram de terminar um namoro com a mulher mais maravilhosa desse mundo ou acabaram de terminar com uma megera que é a minha cara. Eles estão no meio da transição de um relacionamento monogâmico e precisam de mais espaço. Ou, então, estão cansados de espaço, mas não querem saber de compromisso. Ou querem compromisso, mas estão com medo de intimidade. Ou então querem criar intimidade, mas você não quer nem saber de chegar perto deles."

— *O Reencontro*

SE TIVESSE DE FAZER tudo de novo, eu abriria uma fábrica de papel de convites de casamento. Eu praticamente tinha de ter um escritório em casa só para guardar os convites que recebo dos amigos, familiares e colegas — e nem mesmo sou um cara popular. Esse negócio de casamento é uma mina de ouro. E, quando você chega a uma certa idade, parece que recebe um convite por semana.

Então, no final das contas, todas as suas amigas estão casadas ou noivas. *Todas elas*, mesmo aquelas que nunca tiveram namorado na faculdade; mesmo aquelas que você nem mesmo tinha certeza de que gostavam de homem. Droga, e algumas delas casarão em alguns segundos! Ah, olha só, lá vem o carteiro com outro lote de envelopes coloridos escritos em letra de caligrafia. Lá vem a noiva novamente, e ela não é você.

Se você está na mesma situação de mulheres de quase trinta anos, os anúncios de casamento de suas amigas acabam deixando-a com sentimentos confusos: você está sinceramente feliz por elas, mas é claro que também sente uma pontinha de inveja. Por que sua amiga tem o direito de usar um vestido de noiva deslumbrante enquanto você está limitada a um vestido de madrinha de casamento, de poliéster verde cor de vômito? Quando suas amigas se casam, você se lembra mais uma vez que está encalhada.

Por acaso, os planos de casamento de suas amigas deixam-na se sentindo obrigada a namorar ou a ficar com alguém de quem não está a fim? Você sente como se precisasse "acompanhar", esquecendo que o objetivo principal não deve ser simplesmente se casar, mas sim se casar com alguém com quem queira passar o resto de sua vida?

Deixe-me esclarecer as coisas para você ou, pelo menos, dar algum sentido à sua inveja: muitas de suas amigas casadas ficarão solteiras novamente (como você já deve saber, a porcentagem de primeiros casamentos que acabam em divórcio é de cerca de 50%, e a porcentagem de casamentos posteriores que acabam em divórcio é de 60%). E, definitivamente, esses números não diminuem se muitas mulheres, como você, sucumbem à pressão social e acabam se amarrando a qualquer um assim que chegam (ou, Deus me livre, ultrapassam) os 30 anos. Dessa forma, você está se concentrando no casamento em si, em vez de escolher um parceiro ideal; e isso tudo acaba sendo um desastre.

Sou terapeuta social na faixa dos trinta e poucos anos, e jovens casados são meu ganha-pão. Posso dizer que a única coisa pior do que ser solteiro e infeliz é ser casado e infeliz. Se você baixar seus padrões agora, terá de pagar por isso nos próximos anos. É claro que é fácil para mim dizer isso. Sou um homem casado. No entanto, apesar disso, entendo que a sociedade e até mesmo a biologia cobrem muito à medida que os seus jovens e felizes 20 e poucos anos passam e você começa a entrar nos 30, ainda solteira.

VOCÊ ESTÁ DE SACO CHEIO?

Corresponda seu sentimento em cada um dos diversos cenários, escolhendo a letra apropriada no círculo correspondente:

a) Saco cheio
b) Saco muito cheio
c) Não tanto de saco cheio quanto curada
d) Tão brava quanto Martha Stewart no dia da acusação

- ☐ Ficar em forma para vestir mais um vestido de tafetá roxo que só vestirá uma vez na vida
- ☐ Virar "titia" em 13 estados
- ☐ Ter de ouvir amigas casadas dizerem que morrem de inveja de sua "liberdade"
- ☐ Todos aqueles malditos carrinhos de bebê, um mais fofo do que o outro
- ☐ Encontro da mulherada se transformando no clube "olha só meu peito cheio de leite"

- ☐ Decidir entre pagar o aluguel ou comprar aquele presente supercaro de noivado/casamento/nascimento de primeiro filho/nascimento de segundo filho/chá-de-panela que está devendo à amiga
- ☐ Sua mãe e a única pergunta que sabe fazer
- ☐ Anúncios de minivans

A corrida do anel

"Se eu fosse casada, minha vida seria muito mais gratificante. Estou cansada de ficar. Quero um relacionamento de verdade."

— Margo, 28, professora, São Francisco

Preciso começar este capítulo com um alerta: quero que você se case, mas apenas se desejar isso. Não há nada de errado em desejar ter um álbum de casamento, um marido carinhoso, dois filhos comportados e um cachorro emburrado que "come" a perna do sofá de família em sua casa em estilo colonial (com cerca branca, se for esse seu desejo). Portanto, lembre-se de que as estatísticas do divórcio descritas anteriormente e os cenários apresentados neste capítulo têm a intenção de ajudá-la a conseguir o que deseja, e não a abrir mão de seu sonho de ter esculturas de gelo e filó, tudo ao mesmo tempo.

Dito isso, a pressa para subir ao altar costuma ofuscar nas mulheres a visão mais ampla da situação (felicidade, encontrar o parceiro certo e a sanidade espiritual) e, quando você está solteira, é fácil pensar que o casamento irá misteriosamente mudar *tudo*. É claro que a verdade é que não muda, e que as mulheres que pensam assim são aquelas que aumentam as estatísticas do divórcio. Manter um casamento é algo bastante complicado. É mais difícil do que se manter solteiro, mesmo nas melhores das circunstâncias, quando o relacionamento está bem firme e estável.

O dia do seu casamento pode se tornar um livro de histórias, mas o casamento não dura só um dia. Quando você troca votos, espera-se que os siga durante todo o caminho. Portanto, se você não consegue ver futuro a partir do *hall* da recepção ou da lua-de-mel em Paris (ou mesmo em todos aqueles presentes maravilhosos de cristal ou porcelana da China), então talvez esteja se casando pelo motivo errado.

Sua família quer vê-la casada. Entretanto, embora ela tenha a melhor das intenções (é claro que acham que você seria muito mais feliz com o filho mais velho do agente de seguros do melhor amigo), essa pressão pode levá-la a tomar decisões erradas. E as 48 revistas dedicadas somente ao momento de subir ao altar com um vestido de noiva de cetim e renda branca? É bem provável que não se importem tanto com você, mas seus anúncios certamente estão interessados em convencê-la a entrar de cabeça nesse dispendioso negócio de casamento. É provável que você tenha a impressão de que por todos os lados a mídia está bombardeando sua cabeça com imagens de casamento como o objetivo final da vida e como um antídoto para tudo o que está errado em sua vida no momento.

É preciso aprender a desvencilhar todo o *glamour* que a sociedade tenta impor ao casamento. Aceite, ria e entenda tudo isso, mas não deixe que seja o único combustível de sua vida. Você tem todo direito de ter uma opinião própria sobre o assunto, mesmo que pareça que todo mundo esteja dizendo que você precisa se casar, no próximo mês.

A brigada dos bebês

"Sempre que vejo uma revista, leio que, se não tiver um filho até, digamos, 35 anos, eu nunca conseguirei ter. Quando faço as contas, vejo que terei de me casar aos 33 e encontrar o cara certo aos 30."

— Patricia, 32, editora de revista, Nova York

Primeiro vem o amor, depois o casamento e, em seguida, o bebê. É claro que isso faz sentido no papel, mas na vida real é um pouco mais complicado do que isso. Para algumas mulheres, a pressão de se casar é mais biológica do que social. O desejo de ter filhos é, claro, um dos mais fortes impulsos naturais que uma mulher pode sentir. E, apesar de todo o progresso de nossa cultura, para a maioria das mulheres, o primeiro passo é se casar (é óbvio que existem outras opções, veja a página 113). Entretanto, o principal ingrediente para essa equação é encontrar alguém com quem deseje construir uma vida.

Às vezes, os desejos biológicos de uma mulher podem ser tão fortes que acabam prejudicando sua capacidade de tomar as decisões certas em relação a um marido. É claro que ele *pode* fazer um filho, mas será que deveria?

O clichê do relógio biológico é tão prevalente que parece óbvio demais para ser sequer citado. Contudo, é considerado um clichê por uma razão. E, como mencionado no capítulo anterior, ficar com os "passatempos" por enquanto pode ser uma perda de tempo. Deixe-me ser bem direto e objetivo com você: apesar das histórias esquisitas de mulheres de 30 e poucos anos dando à luz gêmeos, a verdade é que você não pode esperar para sempre. No entanto, você ainda terá muitos anos para ter filhos depois dos 35. Embora não tenha todo o tempo do mundo, você tem tempo — não obrigação — de fazer as escolhas pessoais corretas. Não deixe a biologia empurrá-la para um cara de quem não está a fim. Ficar com um cara de quem não gosta é uma coisa, casar-se com ele é outra completamente diferente.

E SÃO NECESSÁRIOS DOIS PARA FAZER UM BEBÊ

Histórias de ficção científica adoram descrever um mundo no futuro em que, devido ao advento dos bancos de esperma e dos vibradores, os homens se tornam irrelevantes e ficam relegados às margens da servidão. Não obstante essas distopias cinemáticas, conheço cada vez mais mulheres que desejam ter filhos e fariam isso sozinhas sem o menor problema. Têm dinheiro e maturidade para alcançar seus objetivos. É claro que preferiam ter maridos e reconhecem os desafios de criar uma criança sozinhas, mas o desejo da maternidade é maior do que qualquer outra coisa. O progresso da medicina tornou isso possível, e uma enorme ladainha de exemplos culturais (de Murphy Brown a Angelina Jolie) transformou isso em uma coisa certa.

Minha mãe era mãe solteira. Sem qualquer infra-estrutura ou apoio ou compreensão, ela foi julgada em vez de valorizada. Era uma estranha no ninho, nadando contra a corrente. Hoje, os marqueteiros e os políticos reconhecem as mães solteiras como um fator demográfico importante, e minhas previsões apontam que a terceira onda do feminismo produzirá e apoiará as mulheres solteiras que tenham filhos fora de qualquer relacionamento com um homem. Com o mesmo acesso a dinheiro e às oportunidades que um homem, as mulheres não só podem transar como os homens, como também podem ter um bebê sem um homem. Será que essa realidade ajudará a facilitar a pressão sofrida pelas mulheres para se casar a fim de ter filhos logo? Só podemos torcer que sim.

Não está chovendo homem

> *"Eu queria me casar, mas acho que mais importante é encontrar alguém com quem eu realmente queria estar. Estou disposto a esperar e, felizmente, como sou homem, posso me dar a esse luxo."*
>
> — Michael, 36, advogado, Filadélfia

Você é uma mulher solteira que tem uma carreira bem-sucedida, uma perspectiva saudável de vida e um desejo forte de sossegar. Já namorou à vontade e já sabe o que procurar em um homem. Então, onde ele está? Bom, é provável que não esteja muito longe, mas, infelizmente, talvez vocês não estejam no mesmo compasso. Não faltam homens que desejam dormir com você, mas existe uma seca quando o assunto é homens que realmente desejam se casar.

De acordo com um estudo recente realizado pelo Projeto Nacional de Casamento na Rutgers University, os homens estão esperando cada vez mais para se casar (tremenda surpresa!). Esse estudo explorou as atitudes em relação ao sexo, encontros, namoro, viver junto, casamento com a alma gêmea, melhor momento para se casar, pressões sociais para se casar, divórcio, desejo de ter filhos e o equilíbrio entre vida familiar e profissional.

Entre os homens, a idade média do primeiro casamento era de 27 anos, a idade mais alta em toda a história do país, de acordo com o relatório. E por que os homens estão esperando tanto para se casar? Principalmente porque podem. De acordo com os dados coletados, as razões se encaixam em cinco áreas gerais.

Será que algum desses perfis grosseiramente estereotipados, mas, ainda assim, bastante corretos, se encaixam em algum homem que você conheça (ou com quem tenha saído)?

Senhor "por que comprar a mercadoria?": os homens desta categoria têm consciência de que, graças a seu poder sexual e de todas as mulheres com quem estão fazendo sexo sem compromisso, é muito mais fácil transar sem precisar se casar do que antes. Então, para que a pressa?

Senhor "em time que está ganhando não se mexe": esses homens já estão tão acostumados com a vida de solteiro que têm medo de o casamento exigir muitas mudanças e compromissos (como comida na geladeira e travesseiros babados na cama).

Senhor "perfeição": esse cara está esperando pela alma gêmea e, como ela ainda não apareceu, está disposto a esperar um pouco mais. Ele sai com outras mulheres "enquanto isso"? Claro que sim, uma vez que pode se dar ao luxo de esperar um pouquinho mais.

Senhor "vida a mil por hora": uma réplica dos agitados anos 1970, esses homens desejam aproveitar a vida de solteiro o máximo que puderem. Procure um carro esporte vermelho e um rabo-de-cavalo e corra, não ande, até a próxima saída.

Senhor "filhinho da mamãe": ah, claro. Esse tipo de homem solteiro é talvez o mais complexo. Digno de um estudo freudiano, está em busca de uma mãe, não de uma parceira. Se você não se importar de assumir esse papel, lavar sua roupa e cuidar da vida dele, este pode ser o homem certo.

Não estou dizendo que todos os homens sejam avessos ao casamento. O que todas as evidências mostram é que estão estendendo seus anos de solteiro. Estão ficando mais exigentes. E essa é uma daquelas situações em que há uma notícia boa e uma ruim.

A notícia ruim é que isso significa que o mercado está menor e que existem menos homens disponíveis. E aqueles que estão disponíveis andam "ensebando", hesitando mesmo, e não têm qualquer intenção de se comprometer (surpresa? Claro que não).

Ótimo, então qual é a boa notícia?

A boa notícia é que, dessa forma, temos que os homens que desejam se casar estão fazendo isso pelas razões "certas". Como conseguem "outras coisas" sem precisar se casar (sexo, principalmente), quando se casam, em geral é porque encontraram algo que não se encontra facilmente no mercado aberto: amor. Sim, sei que estou entrando em um terreno pantanoso aqui e estou sugerindo que existem homens no mercado dispostos a se casar e que querem fazer isso porque, como você, aquela história de "felizes-para-sempre" soa muito bem.

O que tudo isso significa para as mulheres? Homens que estão em busca de companheiras que já estejam redondinhas (não no sentido de Bridget Jones, mas quem sabe). E como bons consumidores, estão cada vez mais exigentes: a mercadoria tem de melhorar a cada dia. E não, não estou sugerindo que você coloque silicone. Estou falando de sair do embrulho e se transformar em algo real, palpável, por meio do autoconhecimento, seguindo o caminho do aprendizado para se tornar uma parceira, amiga e amante melhor.

Os tipos casadoiros

"Beth é uma menina simples, mas, assim que ficou noiva, se tornou uma noiva neurótica. Fez com que eu desejasse continuar solteira por muuito tempo."

— Daniella, 31, escritora, Boston

Agora, para ser justo, já que apresentei alguns estereótipos masculinos, vamos analisar alguns dos perfis femininos a seguir. Será que você se encaixa em alguma dessas categorias? E suas amigas?

Talvez você nem tenha consciência de que se encaixa em uma dessas categorias. Entretanto, a pressão para se casar acaba tendo resultados engraçados nas mulheres.

Senhorita "planejadora de casamento": vem sonhando em se casar de branco desde que tem oito anos e já tem tudo planejado até a última flor. Já ensaiou a subida ao altar milhares de vezes e já escolheu a trilha sonora antes mesmo de saber com quem se casaria. Nesse ponto, o homem é só um acessório.

Senhorita "eu nunca abrirei mão do meu nome": ela pensa que o casamento não é diferente da prostituição, e ela jamais trocaria sua camiseta do Lilith Fair por um vestido de noiva de seda bobo. Ela diz para todo mundo que não pertence a nenhum homem e se define contra o casamento.

Senhorita "garota de ouro": direto do seio de sua amorosa família (ou não tão amorosa assim) para os braços de seu marido protetor, ela tem medo de ficar sozinha. Precisa da segurança e do conforto do casamento, em termos materiais e emocionais.

Você pode encontrar esse tipo de mulher dirigindo um carro esportivo novo e caro, a caminho do shopping.

Senhorita "solteira em festa": como o senhor "vida a mil por hora", esse tipo de mulher só quer saber de diversão. O casamento pode até passar por sua cabeça, mas suas ações não demonstram isso. Será que ela tem mesmo todo aquele poder conferido pela terceira onda do feminismo de transar como um homem ou será que toda essa vida de festa na verdade só mascara problemas mais profundos?

Senhorita "divorciada sexy": recém-saída de um "primeiro casamento", a divorciada *sexy* está de volta ao jogo amoroso e está feliz em ter muitas opções. No melhor dos cenários, seu primeiro casamento a tornou uma candidata mais realista, porque a fantasia já foi desmistificada.

Você pensa que, por isso, está solteira (ou pelo menos não está casada)

> *"Não tenho qualquer ilusão em relação ao casamento, como minhas amigas. E nem penso em ter um casamento daqueles com uma festança. Se algum dia quiser casar, fujo para uma ilha deserta."*
>
> — Paula, 33, guarda-livros, Seattle

Nem todas vocês escolherão se casar. É simples assim. E, se você não quiser, isso não significa que vai ficar para titia ou será uma eterna solteirona encalhada. Você decidiu, seja por qual razão, que o casamento não serve para você, então ótimo. É preciso muita coragem para ir contra a sabedoria convencional e ignorar uma instituição tão culturalmente enraizada.

Talvez você seja filha de um divórcio terrível e, como viu os resultados devastadores de um casamento desfeito, acabou se decepcionando por completo. Esse é um sentimento muito triste e real para muitas mulheres, e não há qualquer razão para se sentir mal com essa decisão. A vida é sua.

Para outras, o casamento é simplesmente algo semântico. Elas olham, agem e se sentem casadas, mas não têm o papel para provar. Talvez você tenha um parceiro e deseje dividir sua vida com ele, mas não sente necessidade de gastar milhares de reais só para mostrar para o mundo o quanto se amam.

E é claro que talvez você seja mesmo mais feliz sozinha. E, certamente, se o cara certo aparecer, vai considerar a possibilidade de se casar. Mas, de uma forma saudável, aceitou que isso pode não acontecer e lida muito bem com isso. Desde que essa decisão não seja passiva ou defensiva ("não existem mais homens bons no mercado", "nenhum homem jamais me achará atraente", "já me machuquei demais" etc.), tem de ser uma escolha sincera e construtiva.

Como acontece com tantas coisas na vida, é exatamente quando menos se espera que se encontra o que sempre quis (mesmo que você tivesse certeza do que era). Contudo, não há qualquer desculpa aceitável para nunca sair do seu apartamento. Você precisa perceber que existem algumas coisas que jamais estarão sob seu controle e outras que estão ao seu alcance.

O outro lado: as mulheres também têm medo!

"Eu amo meu namorado, mas é como se os papéis estivessem invertidos. É ele quem está me pressionando, e eu

estou ali dizendo que ainda não estou pronta para me casar etc. etc."

— Melissa, 28, publicitária, Chicago

Então, você está vivendo com um homem bom e carinhoso. Ele é bom com você e até mesmo gosta de ver de vez em quando o catálogo da Crate and Barrel. Só tem um problema. Ele quer se casar — e logo. Você também quer se casar — bom, algum dia, em teoria. Você está nervosa. E se ele não for o cara certo? E se as coisas mudarem? E se houver um outro cara por aí vivendo na Guatemala, onde ensina inglês, que você está destinada a conhecer daqui a dois anos? E se, e se, e se, e se?

Nem todas as mulheres entram na paranóia do casamento. Se tiver medo, pode significar que precisa de mais tempo para analisar a situação. E isso é ótimo. Significa que você está pensando além da ilusão do casamento (e todos aqueles presentes), avaliando o homem com quem está e decidindo se foram mesmo feitos um para o outro.

Entretanto, de forma similar aos "passatempos", cujas expectativas são altas demais, você precisa ter certeza de que não está sendo pouco realista. Talvez a sua alma gêmea esteja na Guatemala; se for esse o caso, espere. Mas, se o seu sonho de amor entre fronteiras for só uma maneira de evitar intimidade, pode ser um problema. Seus padrões devem ser altos, mas não impossíveis de serem alcançados. Exatamente como quando somos perfeccionistas demais, existe uma diferença sutil, e é uma questão de grau. No entanto, se você começar a perceber que seus padrões estão se tornando um escudo para evitar intimidade, eles podem estar se tornando altos demais.

Fala sério!

Você quer se casar. Isso é ótimo. Mas e se estiver saindo com um cara só porque deseja muito estar com ele pelo resto de sua vida ou porque outras pressões estão fazendo você sentir a necessidade de encontrar um marido? Se você está a caminho do casamento e souber bem lá no fundo que não está muito a fim do cara, a estrada será longa. E quanto mais longe a estrada a levar, mais difícil será encontrar uma saída.

Mesmo hoje em dia, o casamento é apresentado como um tesouro e algo fundamental para que a vida tenha sentido — o primeiro passo na direção de uma família e de viver feliz para sempre. É claro que muitas mulheres chegam lá só para descobrir que não existe felicidade no final da estrada.

Eleve (seus padrões) e conquiste (o amor)

- **Vá com calma:** o casamento pode ser um objetivo, mas encontrar o homem certo não deve ser apenas um meio de atingi-lo. Se estiver com ele apenas para cruzar a linha de chegada, você está correndo pelas razões erradas.

- **Primeiro, o mais importante:** sim, a biologia é muito poderosa, mas não fique cega pela loucura de ter um bebê. Você tem tempo, e seus filhos estarão *bem* melhores se escolher bem um marido e um bom pai em potencial.

- **Dedique tempo a você:** os homens têm tempo e liberdade, e estão ficando cada vez mais seletivos. Em vez de ficar saindo com o "passatempo", dedique mais tempo a você e a se conhecer.

- **Ser solteira não é um palavrão:** ser solteira não é uma doença, e o casamento certamente não é a cura para nada. Se você não é casada, seja qual for a razão, abrace sua escolha e não escute os espíritos de porco.

- **Pense grande, mas seja realista:** se não estiver preparada para colocar o anel no dedo, talvez ainda não tenha encontrado o homem certo. Seja sincera com você e com seus padrões, mas não os deixe ficar sobre-humanos.

8. Questões de múltipla escolha
Volume 2

MICHELLE É UMA ARQUITETA de 31 anos que mora em São Francisco. É filha de imigrantes coreanos e foi criada dentro de padrões tradicionais. Seus pais ficam bastante frustrados com suas tendências modernas (sua escolha de seguir a arquitetura está bem longe dos desejos da família) e sentem que, a essa altura, ela já deveria estar casada e com filhos e não hesitam nem um pouco em dividir essa frustração com ela. Michelle luta para conseguir conciliar sua formação mais tradicional com suas visões mais americanizadas. Tem orgulho de sua independência e espírito aventureiro. E, embora ache que os conceitos dos pais são antiquados, lá no fundo acredita que talvez estejam certos e não consegue entender por que ainda está solteira. E os casamentos de todas as amigas, que parecem acontecer toda semana, só servem para lembrá-la disso. Agora, precisa decidir o que fazer em relação ao casamento da amiga Cathy, que será em Nova York. As duas foram colegas de quarto na faculdade, mas já faz quase uma década que conviviam de verdade. Ainda assim, Cathy convidou Michelle (será uma grande festa, portanto, estar na lista de convidados não pode ser considerado exatamente uma honra). Para ajudar, Michelle tem direito a levar alguém, apesar de não ter namorado.

Michelle tem algumas opções. Ela pode:

a) Ir ao casamento sozinha e enfrentar a situação.

b) Ir ao casamento e levar Paul, um carinha legal com quem está saindo, mas com quem está longe de querer algo mais.

c) Ir ao casamento e tentar ganhar uma aposta que fez com um grupo de amigas solteiras em São Francisco de que uma delas conseguiria arrumar um cara qualquer e convencê-lo a ir ao casamento fingindo ser seu noivo.

d) Recusar o convite, ficar em casa e passar o fim de semana todo pensando em como mandar milhares de e-mails de spam para o autor deste livro.

Como você já sabe como é a brincadeira, não vou pedir que faça o teste. Mais uma vez, para aquelas que quiserem, façam sua escolha e, em 20 palavras ou menos, explique-a.

NÃO VIRE A PÁGINA ATÉ
CONCLUIR O TESTE
(Ou faça como quiser. Você sabe como essa história
vai terminar.)

Resposta:

Isso mesmo. Você adivinhou. Não existe uma resposta correta, apenas escolhas que podem ser feitas.

Opção A: vôo solo até o casamento

Depois de pensar muito, Michelle decide respeitar sua história com Cathy e cruzar o país todo, gastando a maior grana, para comparecer ao jantar de ensaio, ao extravagante casamento e ao almoço de domingo. Pega um corujão quinta à noite e chega a Nova York na sexta de manhã, grogue e sozinha. Tem o dia todo pela frente, mas precisa experimentar de última hora o vestido de madrinha do casamento à uma da tarde. (Como mora na Califórnia, não pôde fazer isso antes.) Lá encontra as demais madrinhas — nove, ao todo. E, embora não consiga se deixar contaminar por toda a alegria e animação das meninas, pelo menos se consola com o fato de uma delas, como ela, estar em vôo solo no fim de semana.

O jantar de ensaio é o primeiro sinal de como o fim de semana será difícil para Michelle. Existe alguma coisa mais irritante do que estar entre os poucos solteiros no meio de milhares de casais? Cathy, que está prestes a ser coroada, trabalha no ramo de imóveis, e a maioria de suas amigas está na mesma área. Como é arquiteta, Michelle lida com pessoas assim todos os dias e não admira muito sua atitude diante das coisas, priorizando o lucro e demonstrando pouca admiração pela sutileza de sua arte. Como é forçada a ser agradável com elas durante uma festa de casamento, isso é muito mais do que consegue tolerar, então resolve entornar deliberadamente o vinho da casa. Tudo está perfeito até o momento do discurso. Michelle e as outras oito madrinhas têm de enfrentar uma versão da música "The Age of Aquarius", reescrita para refletir a história da noiva e do noivo. Na sua vez, Michelle se mantém discreta, profere as palavras e volta imediatamente para seu lugar. A noite termina e ela volta para o quarto de hotel, sentindo-se mais sozinha do que nunca. Ri sozinha da tolice que é fazer uma festa de casamento assim e jura que, se algum dia encontrar um marido, vai fugir para se casar.

Michelle acorda cedo no sábado ao som de um caminhão de lixo passando na rua. Apesar de a cerimônia não estar marcada para começar antes das 18h30, ser madrinha ocupa o dia todo. Cabelo. Maquiagem. Brincadeiras gerais e aquela rasgação de seda com a noiva, dizendo como ela está maravilhosa. Depois, as fotos. Segunda rodada de fotos. E as fotos ingênuas. Ela se sente como uma personagem secundária no filme estrelado por outra pessoa — um acessório que veio do outro lado do país para parecer que a noiva tem muitos amigos. E toda aquela conversa fiada com a família de Cathy e os parentes do noivo: "Ah, claro, nós aprontamos muito na faculdade." "Aquele namorado? Bom, acabamos há alguns anos." Se ela tivesse alguém ali para dividir esse momento, seria realmente cômico. Do jeito que a coisa anda, Michelle não vê a hora de a recepção começar para poder voltar à vida normal e voltar a ser simplesmente uma civil, com o privilégio de beber e comer à vontade.

Apesar de todo o desespero e o tafetá, Michelle sentiu uma pontinha de esperança. Já tinham ido falar sobre ela para o único homem solteiro que estava sozinho (tirando o irmão caçula do noivo, de 22 anos), e ele estava animado para conhecê-la. "Nigel", diz Cathy, entre uma foto e outra. Nigel é o amigo inglês do noivo, da época em que estudou um ano fora. "Ele trabalha com publicidade", continuou, "é criativo, assim como você. Vocês vão se dar bem logo de cara." Então, enquanto o casamento evolui, Michelle se vê analisando os convidados do noivo em busca de um inglês interessante.

Acontece que, na verdade, Nigel é galês. Além do mais, seu trabalho "criativo" em publicidade envolve colocar cupons em malas-direta enviadas para todas as pessoas que já usaram cartão de crédito um dia. Mas até que ele tem um sotaque bonito e alega já ter visto a banda Joy Division na Hacienda, em Manchester, na Inglaterra. Então, embora não seja o homem com quem Michelle irá se casar, é interessante o suficiente para servir como uma boa companhia para beber e dançar durante a noite.

Ao final dessa empreitada, Michelle percebe que deveria ter mantido firme sua posição inicial e recusado o convite. Não era só a chateação de estar sozinha em um evento de casais nem mesmo o esforço alcoolizado de Nigel de seduzi-la. Na verdade, percebeu que ela e Cathy não tinham nada em comum, e que não valia a pena passar por esse tipo de situação em que era obrigada a fingir interesse ou emoção.

Opção B: presa em Nova York com a triste balada do encontro ruim

O bom e velho Paul. Senhor "nem-fede-nem-cheira". Tem um bom emprego, estudou em uma boa universidade e quer ter uma vida boa. Não é preguiçoso, mas não trabalha muito. Gosta do que gosta e não se interessa muito em abrir seus horizontes. É claro que ele acompanha Michelle aos museus e às exposições, mas nunca parece se divertir. E ela sabe que só está saindo com ele por ora, enquanto não aparece nada melhor. Já estão saindo há dois meses. E ela está no meio de um dilema. Uma amiga da faculdade está se casando, e ela foi convidada para o casamento, com direito a levar um acompanhante.

Se Paul fosse um homem de quem realmente gostasse, ficaria nervosa em convidá-lo para acompanhá-la ao casamento, uma vez que algo assim tão cedo poderia parecer "sério" demais. Nesse caso, não se importa muito com o que ele pensa. Só está tentando descobrir o que é pior: ir sozinha ou ir com ele. Ir sozinha não é divertido, mas será que consegue agüentar Paul durante três dias? Ele é bom na cama, e poderia até ser divertido passar três noites em um quarto de hotel. Mas o que fazer durante o dia? E ter de apresentá-lo aos outros convidados do casamento, precisando se justificar o tempo todo: "Ele *não* é meu namorado; é só um amigo."

No final, Paul acaba concordando. Foi gentil e até mesmo agiu quase como um "namorado" quando ela o convidou, demonstrando animação e sugerindo que ficaria muito feliz em acompanhá-la em um evento tão importante. Durante um momento, pensou que poderia até ser capaz de gostar dele. Contudo, logo depois voltou a ser aquele ser meio "Beavies e Butthead", e a sensação passou. Graças a Deus, como Michelle era madrinha do casamento, não teria de lidar com ele o tempo todo — ou pelo menos era o que pensava.

Quando se registrou no hotel, Michelle percebeu pela primeira vez que tinha se comprometido a passar três dias com um cara com quem mal havia passado três horas sentada assistindo a um filme. E a viagem em si tinha muitos pontos que indicavam a seriedade da situação, desde o porteiro que achou que eram casados e colocou os robes "dele e dela" lado a lado em cima da cama de casal. Em vez de servir como um parceiro de transa ou um companheiro de jantar, ele se tornou uma lembrança incontestável de tudo aquilo que Michelle não tinha em sua vida.

A festa de casamento em si só fez piorar tudo. Na hora da primeira dança da noiva e do noivo, Michelle mal conseguia olhar para Paul. É claro que sabia que ele não havia feito nada de errado. Era simplesmente um substituto. Ela deveria saber que não deveria ter tido qualquer esperança de que um cara "passatempo" poderia se transformar no homem de sua vida.

Opção C: as regras do compromisso

O casamento de Cathy proporciona à Michelle a oportunidade perfeita para colocar em ação um plano que parece o roteiro de um próximo filme de Kate Hudson (ou talvez uma fantasia que toda mulher solteira tem bem lá no fundo de sua mente): viajar para Nova York, ir para um barzinho e encontrar um homem que aceite participar da armação e fingir que estão noivos e comparecer ao casamento com ela, como se fosse seu noivo. O plano foi traçado durante um fim de semana de esqui em Lake Tahoe por Michelle e um grupo de amigas solteiras. Nenhuma delas teve coragem de seguir adiante com o plano. Michelle seria a primeira e, dessa forma, ganharia um tremendo prêmio, um tratamento em um SPA de sua escolha, mais um novo par de esquis. Como não via Cathy ou seus amigos havia alguns anos, seria uma história bem plausível. E não há lugar melhor para encontrar alguém disposto a participar dessa conspiração do que em Nova York, certo? Se tivesse a coragem de colocar o plano em ação, poderia dar certo, pensou enquanto sobrevoava o Missouri em uma quinta-feira à tarde.

"New York, New York." Uma delícia de cidade, cheia de homens solteiros altamente pegáveis que poderiam não ter nada para fazer no fim de semana e achar divertido participar dessa pequena fraude. Bom, em uma cidade de oito milhões, tem de haver um homem que esteja disposto a viver essa loucura. Na verdade, existem vários. De fato, Michelle encontrou alguns pretendentes no primeiro bar em que entrou (uma espelunca antiga e famosa em West Village conhecida pelo hambúrguer e pelas atendentes). E, para ser capaz de selecionar o homem certo para a tarefa, teria de realizar uma série de testes, principalmente para determinar se tinha talento para atuar (ou, na verdade, mentir) sob pressão e sob o efeito do álcool.

O homem escolhido, Thomas, é um executivo de uma empresa de Internet de 36 anos (sim, eles ainda existem), que fizera curso de teatro em Yale. Tem cabelos castanho-claros, é bonito e muito charmoso. Se Michelle o tivesse conhecido em um encontro às escuras, ficaria bem contente. Isso é bom, porque, essencialmente, estariam tendo um longo encontro às escuras que duraria três dias. Passaram algumas horas ensaiando a historinha e combinaram de se encontrar às 17 horas do dia seguinte, antes do jantar de ensaio.

Livre do peso da realidade mundana, construíram um relacionamento de fantasia. Michelle deixaria as amigas de faculdade embasbacadas com a narrativa de seu noivado, que começou em Paris, continuou em São Francisco e culminou em uma praia em Big Sur. Para piorar ainda mais, Thomas tinha um anel de noivado sobrando. Ele havia planejado dar para a ex-namorada, mas ela foi embora com outro cara (para sorte de Michelle, era um solitário de diamante clássico de uma coleção da Tiffany). Agora, a farsa estava completa. Só faltava colocar em prática.

"Você está noiva!!", grita a srta. Gordon, uma das muitas colegas de faculdade com quem Michelle perdera contato quando se mudou para São Francisco, antes mesmo que ela conseguisse passar pela porta do restaurante italiano, onde seria realizado o jantar de ensaio. E foi assim a noite toda, com Michelle quase roubando a cena da noiva e do noivo. Ela chegou até a fazer um discurso engraçado de improviso, com direito a um brinde especial dirigido a seu homem, Thomas, a luz de sua vida.

Quando saíram do restaurante, Michelle convidou Thomas para ficar com ela no hotel. "Temos de nos entregar de corpo e alma ao papel", disse inocentemente, andando de mãos dadas com ele, enquanto caminhavam pela 59th Avenue, ao sul do Central Park. Thomas, sempre atuando, concordou, e voltaram para o quarto, onde tiveram uma longa noite sem dormir, mas de diversão pré-marital.

Na manhã seguinte, Michelle já tinha se esquecido do casamento e das obrigações como madrinha. E, apesar de só conhecer aquele homem ao seu lado há um dia, ela se sentia estranhamente confortável. Deveria ter tentado isso há anos. Era muito melhor do que aquela guerra triste para encontrar alguém e todos aqueles caras de quem não estava a fim. Noivados falsos são melhores do que qualquer dia da vida real.

Thomas ficou sentado sozinho durante a cerimônia, mas Michelle lançou um olhar para ele, elegantemente vestido em seu *smoking*, enquanto caminhava até o altar. Sorriu para o "noivo", felicíssima em estar dividindo esse momento com ele. Será que estava a fim do cara ou foi só o entusiasmo causado por toda a história que criaram que fez com que fosse flutuando até o altar, calçando seu sapato de cetim Stuart Weitzman (que, como foram tingidos para ficar com a mesma cor do vestido azul royal, ela só poderia usar uma vez)?

Enquanto o encontro progredia, Thomas foi se revelando um sonho. Ele puxava a cadeira para Michelle quando se sentava à mesa (estavam sentados com um grupo de casais bastante agradáveis, e não na mesa dos solteiros desajustados) e era um excelente dançarino (já a banda de repertório batido era outra história). E mais do que qualquer outra coisa, só o fato de estar ali com ele lhe poupava o trabalho de ter de ficar agüentando os olhares curiosos e respondendo aos outros durante o casamento aquele tipo de pergunta "por que você não se casou ainda", mesmo que fossem perguntas silenciosas, elas estão sempre lá. Michelle estava atuando muito bem no papel, e a armação provou que se encaixaria muito bem em um relacionamento saudável.

No final, Michelle decidiu que, embora a experiência tenha sido fascinante, nunca daria certo mesmo com Thomas. Seu cúmplice lamentou, mas concordou, e tiveram de dizer adeus. No avião de volta para São Francisco, Michelle se sentiu muito feliz. Sabia que era possível encontrar um homem, só precisaria ver as coisas de forma diferente e com novos olhos.

Parte 3: O CICLO

9. Você também não está a fim dele, mas está presa no maldito ciclo amoroso

"Gosto de homens que conseguem correr mais rápido do que eu."

— *Os homens preferem as loiras*

AH, A VIDA AMOROSA. Parece tão excitante na teoria. Encontros em barzinhos da moda para tomar martínis, rir da vida, do trabalho, do futuro, do mundo, tudo embebido de muita esperança de encontrar o amor eterno e o alinhamento cósmico. E, às vezes, parece que bate alguma coisa, pelo menos por um instante, e aí você pensa *Uau, talvez ele seja o "cara"*.

É claro que, com muita freqüência, a noite termina em decepção. É claro que você não gostava dele, mas se deixou contaminar pela dúvida — será que deveria tê-lo beijado? Será que ele vai me ligar ou não? — quase se esquecendo da pergunta mais importante de todas: será que eu gostava dele *ou não?*

Talvez fosse o primeiro encontro. Talvez as coisas parecessem estar indo bem até você pegá-lo olhando para outra mulher no bar ou falando sobre a ex-namorada em termos românticos ou amargos. Ou talvez ele tenha começado a discursar sobre o emprego maravilhoso, falando sem qualquer pontinha de ironia sobre suas ambições de ir conquistando a empresa, um degrau de cada vez. No final, quando voltou para casa sozinha, chegou à triste conclusão de que ele não era o "cara".

É isso. Até ele telefonar, alguns dias depois, e chamá-la para sair novamente. Aí você pensa, *Uau, talvez ele tenha gostado de mim. Bom, não foi tão ruim assim. Quem sabe?*

Bem-vindo ao maravilhoso mundo do romance passageiro.

Soa familiar?

Você não é a única. Na verdade, você está entre as 28 milhões de mulheres solteiras nos Estados Unidos que enfrentam esse tipo de situação com certa freqüência. Você está presa à triste corrida atrás de relacionamentos, e não consegue parar. Enquanto em corridas comuns você pelo menos se mantém em forma, quando o assunto é relacionamento, infelizmente o único músculo que você exercita é aquele que ajuda a fingir interesse em outra pessoa com quem, basicamente, você não gostaria nem de almoçar, se fosse, digamos, alguém que conhecesse na festa ou no trabalho e fosse mulher. Então, a pergunta continua no ar: como você consegue sair da corrida atrás de relacionamentos sem cair de cara no chão? Como você consegue dar o primeiro e decisivo passo e dizer "Não, ele não é o 'cara'. E mesmo que gostasse de mim e que eu não estivesse saindo com ninguém, não gosto dele o suficiente para dedicar tempo do meu dia, imagina de minha noite"?

Você é uma vítima do complexo da indústria dos encontros?

> *"ParPerfeito.com, EncontroIdeal.com, AlmasGêmeas.com — eu nem sou judia, mas acho que é mais fácil me converter do que encontrar um cara legal — já tentei de tudo e estou de saco cheio. Desde preencher meu perfil*

até escolher uma foto estratégica, responder a 27 e-mails por dia, sem falar nos encontros em si. Tudo isso merece dedicação total. Sou gerente na minha empresa. Não quero ter de criar planilhas para gerenciar minha vida amorosa também."

— Jennifer, 29, executiva de relações públicas, Nova York

Com a popularização dos serviços de encontros on-line nos últimos cinco anos, o triste jogo amoroso está a mil por hora. Por quê? Porque, a partir de uma perspectiva puramente numérica, as pessoas solteiras conseguem quase se relacionar com outra, mais rápida e impessoalmente do que nunca. No mundo de encontros on-line, você pode conhecer dez caras em uma hora, se estiver disposta.

Será que você conhecerá suas qualidades espirituais mais profundas? Não. Você tem como saber se a foto que ele enviou é recente ou mesmo desta década? Não. Mas, em termos de capacidade transacional pura e simples, os encontros on-line são um meio eficiente e indolor de usar os números a seu favor: quanto mais possibilidades, menos tempo e esforço.

Mas será que essa eficiência facilita o processo de encontro ou só serve para perpetuar ainda mais o interminável ciclo de acomodação? De muitas maneiras, os encontros on-line são uma expressão da cultura de alta tecnologia de hoje, que deseja soluções rápidas e recompensas instantâneas. É o mercado livre amoroso. Se a oferta for decente, pode ser que você segure suas apostas e dê lances baixos. Os encontros on-line transformaram o amor em uma matéria-prima embalada, a apenas um clique do mouse.

É claro que alguns serviços de encontros on-line estão mais sintonizados com os pequenos detalhes da "química" interpessoal, ou pelo menos é isso o que prometem. Com "tecnologias científicas de correspondência" e "mecanismos de relacionamentos proprietários", encontrar um namorado hoje em dia é tão fácil quanto comprar o mais novo CD do Eminem no Submarino.com. Mas será que você pode mesmo se apaixonar pela folha de respostas de alguém para um questionário múltipla escolha? No mundo ideal, a atração física, emocional e sexual não se baseia em uma sinergia maravilhosamente misteriosa de impulsos inconscientes que a gente nem consegue entender?

A cada dia, parecem surgir mais e mais maneiras de encontrar amor rapidamente, desde serviços de encontros on-line, passando por encontros rápidos e eventos de solteiros, cujo objetivo é conhecer, no menor espaço de tempo, o maior número possível de candidatos com os quais poderia passar toda a sua vida (tenha sempre em mãos papel e caneta, para o caso de esquecer o nome do futuro parceiro). E tudo isso a leva de volta à terrível corrida por relacionamentos, na qual você sai apenas por sair.

Em nosso mundo interconectado, é mais fácil sair do que agüentar a solidão de outra noite em casa. E, mesmo quando você está em casa, quantas horas passa navegando pelos sites de encontros, lendo blogs e colunas sobre relacionamentos, literal ou metaforicamente comprando relacionamentos com homens dos quais, muito provavelmente, você não está nem um pouco a fim?

As terríveis raízes do complexo da indústria dos encontros são encontradas muito além das maratonas dos encontros rápidos e da Internet. De manuais até *talk shows* e revistas, todos alegam ter uma resposta para esse eterno dilema. Talvez a questão seja em qual corredor do supermercado você deva comprar. Talvez seja a questão de telefonar ou não. Talvez baste usar a sabedoria do "programa" (aplicando as lições de um MBA de

Harvard para encontrar um homem). Ou talvez você deva tentar a cabala (deu certo com a Madonna). E qual é o prêmio ao final dessa caça ao tesouro? Você já deve ter adivinhado: aparentemente "ele não está a fim de você".

Todos parecem ter *a* resposta. E é claro que também podemos dizer isto: para que este livro então? Afinal, não foi exatamente por isso que você o comprou? Mas, se eu pudesse transmitir uma mensagem apenas, seria esta: acredite em você. Acredite em seus instintos. Não gaste todas as suas energias tentando encontrar ou manter um homem, não reconsidere suas regras e táticas nem entre nesse jogo dos números. Aprenda a não sucumbir à pressão de estar namorando. Dessa forma, quando *esse* alguém chegar, você estará pronta e disposta a pular com os dois pés e entrar de cabeça no relacionamento, e não no meio daqueles tristes joguinhos amorosos em que você não seria capaz de reconhecer alguém que valesse a pena nem que ele lhe estapeasse.

Encontros à velocidade da luz

> *"Não tenho tempo para gastar três semanas conhecendo um cara. Se eu não sentir que vale a pena em cinco minutos, por que perder tempo e energia?"*
>
> — Naomi, 31, estilista de moda, Nova York

Mais rápido. Maior. Melhor. Esse é o mantra da era digital. Estamos sempre correndo para conseguir dar o próximo grande passo — tanto que nem temos tempo de aproveitar o passo anterior. O próximo passo é melhor simplesmente porque é mais novo. A mesma lógica define os relacionamentos e é exatamente ela que dá origem à triste corrida atrás deles.

No mundo sem fio de alta velocidade de hoje, em que os solteiros têm o potencial de encontrar o maior número possível de novas pessoas a cada semana, o quanto desejar, os indivíduos ficam desvalorizados porque sempre há um novo alguém na fila. E vamos encarar a verdade. Mesmo quando você está namorando alguém, no bom e velho sentido tradicional da palavra, você está realmente dando a ele uma chance (ou, de forma inversa, você está realmente recebendo uma chance)? Está sendo paciente o suficiente? Está sendo paciente demais? Tem alguma relação com seus sentimentos ou com o nível de interesse dele (ou falta de interesse)?

Temos de aprender a ouvir nossos instintos e acreditar em nossa capacidade de fazer julgamentos sensatos. E talvez isso signifique dar a um "bom carinha em potencial" uma segunda chance. Ou talvez seja dar a um "carinha-nada-a-ver" um pé na bunda. De uma forma ou de outra, o mais importante é ouvir com cuidado seus instintos e não deixar ninguém dizer a você se deve tentar buscar um relacionamento ou mesmo se deve tentar um segundo ou terceiro encontro, com base em se ele vai telefonar ou não ou se existe outra pessoa em vista.

SINTOMAS COMUNS DA FATIGA CAUSADA POR ENCONTROS

- Você costuma levar no mínimo uma hora para se arrumar para um encontro e agora não se dá ao trabalho de usar nem desodorante.

- Você mantém uma folha de papel com o nome dos caras com quem está saindo, para não se perder.

- Você tem um BlackBerry só para poder ficar verificando os e-mails que recebe dos serviços de encontro on-line.

- Você criou um formulário de entrevista de duas páginas para filtrar os namorados em potencial.

- Você mantém três roupas extras no trabalho de forma que sempre esteja preparada para um encontro de última hora.

Não me deixe sair de novo

> *"Eu queria morar em Bangladesh ou em qualquer outro lugar em que os casamentos são arranjados. Meus pais arrumariam tudo, e eu só precisaria aparecer lá no grande dia. Um casamento arranjado significa nunca ter de sair e namorar e, às vezes, isso parece muito mais atraente."*
>
> — Susan, 38, médica, Portland (Oregon)

Muitos de nós não conseguiríamos nos imaginar casando sem romance e paixão. São os elementos mais importantes. Entretanto, em termos históricos, é uma idéia bastante contemporânea. Vale a pena lembrar que a noção de escolher seu próprio parceiro com base simplesmente na atração física e no amor romântico é um conceito relativamente novo. Os gregos antigos faziam uma distinção entre dez tipos diferentes de amor, sendo que o amor no sentido da paixão se encaixava na categoria *mania*, que era considerada, na verdade, nada saudável.

E "mania" é provavelmente a palavra certa para toda aquela onda de excitação que toma conta do nosso corpo no início de um romance (com base em um questionário on-line). O mundo dos relacionamentos já é suficiente para levar qualquer um à loucura. E, às vezes, pode ser que parte do seu comportamento esteja mesmo à beira de uma psicose clínica (ficar fazendo a mesma coisa incansavelmente e ficar esperando um resultado diferente). Se você estiver nesse círculo vicioso, pode ser que esteja repetindo os mesmos padrões e fazendo as mesmas coisas incansavelmente. Homem diferente, mesmo cenário (um bar ou restaurante) e o mesmo resultado. (Melhor amiga: "Então, gostou dele?"; Você: "Sei lá.") O que você pode fazer? Bom, pode mudar seus hábitos e tentar quebrar o círculo. Claramente, o que você está fazendo não está funcionando. Não está na hora de tentar alguma outra coisa?

O objetivo deste livro não é oferecer um conjunto de táticas para conhecer mais homens, como "entre em um curso de cerâmica" ou "fique mais tempo na quadra de basquete do clube". O que estou sugerindo é que você dedique algum tempo para pensar em sua vida.

Como eu disse no capítulo anterior, os padrões das mulheres em relação ao amor caíram muito nas últimas décadas, e vocês gastaram muita energia tentando desenvolver seus interesses, suas paixões e seus objetivos. Agora não é hora de seguir a corrente, porque a corrente está levando vocês em círculos para aquele terrível mundo dos joguinhos amorosos.

Faça uma transformação naquele homem

> *"Quando conheço um cara, não vejo aquele homem que está na minha frente, e sim aquele homem depois de tê-lo levado ao shopping e de ter redecorado seu apartamento. Pode soar horrível, mas os caras podem ser modelos."*
>
> — Laura, 33, executiva da indústria fonográfica, Los Angeles

Então, que tal uma recauchutada? Acho que uma das maneiras de sair dessa vida de encontros e desencontros é ficar com um cara com quem está saindo há algum tempo com a desculpa de que você será capaz de modificá-lo e transformá-lo no homem dos seus sonhos. Como aconteceu com seu bom e velho quarto na casa dos seus pais, que eles transformaram em uma sala de jogos novinha em folha logo depois que você saiu de casa, algumas mulheres acreditam que transformar um homem é simplesmente uma questão de tempo, esforço e de encontrar os produtos certos. Seu namorado não está à sua altura? Talvez um novo corte de cabelo e um par de mocassins Prada possam ser a solução. Bom, há também a questão do emprego. Mas você sempre pode tentar resolver isso depois que melhorar sua aparência.

Embora isso possa soar meio radical, é um sentimento que escuto com certa freqüência. A verdade é que todos nós queremos mudar certas características das pessoas com quem saímos. É o nosso instinto natural e, de fato, é, de certa forma, saudável se for exercitado de forma moderada (Você não odeia essa palavra?). Ajudar o namorado a escolher uma gravata mais transada e um carpete mais bonito para o quarto pode ser divertido, mas, se estiver tentando realizar uma transformação radical, talvez não tenham sido feitos um para o outro, pelo menos não para passar a vida toda juntos.

Aquelas pequenas coisinhas nele que irritam um pouco são provavelmente muito mais graves do que o simples fato de ele se recusar a jogar fora aquela terrível calça pregueada. Como veremos, o mundo dos relacionamentos amorosos pode levá-la à loucura. E, se você estiver naquele ponto em que está tentando transformar um sujeito cafona em um homem que veste terno sob medida, talvez esteja mesmo enlouquecendo.

A mente da mulher solteira

> *"O ciclo se torna tão intenso que não sei mais a hora de parar e de tentar conhecer alguém de verdade. E, se você resolver se arriscar e quebrar a cara, tem de começar tudo de novo e se acostumar com os joguinhos."*
>
> — Mansa, 29, administradora de artes, Nova York

A rotina dos relacionamentos amorosos é muito mais do que aquela ladainha de primeiros encontros horríveis e encontros às escuras que dão errado. Não que esse tipo de encontro por si só já não seja lastimável. Eles são. Mas dão para o gasto. Mas o que mais me preocupa é o impacto que o ciclo tem em suas decisões amorosas.

Muitas mulheres que aconselho estão confusas em relação a como devem se portar nas diversas fases de um relacionamento. Elas começam a sair com alguém que não lhes diz muita coisa simplesmente porque estão naquela rotina de encontros e se esquecem de que não estão conseguindo o quê ou quem desejam. Entretanto, ainda que estejam saindo com uma pessoa, sentem que poderiam encontrar alguém melhor por aí, se pelo menos conseguissem sair desse maldito círculo vicioso e voltar para o mundo.

Outras temem ficar fora de forma se saírem do mercado. "É como malhar", explica uma jovem. "Se você parar de malhar durante um tempo, vai fica muito mais difícil começar de novo, alguns quilos mais gorda." Então, só para se manterem em forma, continuam saindo por sair.

É claro que existem algumas mulheres que gostam disso. Mas deixem-me dizer uma coisa com todas as letras: o primeiro encontro pode ser saudável e bom para você, desde que não se deixe levar pelo momento e fique se perguntando se "ele gosta de você". Ficar saindo com homens, ainda que se revelem ser os caras errados, pode ajudá-la a decidir o que realmente deseja, portanto, tem alguma serventia.

Ah, claro, e tem o sexo também. Se você pode transar como um homem, pelo menos de vez em quando, sair com alguém que esteja longe de ser o ideal, alguém que jamais será a pessoa certa para você, pode ser bom para o corpo e a alma, desde que você saiba muito bem onde deve estabelecer os limites. É mais uma questão de ter consciência sobre você mesmo e suas necessidades do que simplesmente seguir um conjunto predeterminado de regras. Se você estiver saindo com muitos caras e conseguir lidar bem com isso, tudo bem. Se estiver fazendo sexo sem compromisso e conseguir lidar bem com isso, tudo bem também. No entanto, se essa rotina de encontros estiver forçando você a baixar seus padrões, está na hora de arrumar uma estratégia para escapar disso. Isso pode significar menos encontros em curto prazo, mais tempo com o vibrador e menos tempo de rala-e-rola embaixo dos lençóis, mas irá ajudá-la a terminar a maratona muito mais feliz e em uma posição muito melhor.

QUAL É A COR DO SEU PÁRA-QUEDAS DO AMOR?

Em seu livro, *The Colours of Love*, o psicólogo John Alan Lee condensa as dez categorias gregas do amor em seis. Elas estão listadas a seguir, com o perfil de homem correspondente, de forma que você tenha em mãos uma lista prática.

Eros — o mais sexual e erótico do grupo. Esses indivíduos amam os jogos amorosos e sua liberdade e poder sexual, mas estão no jogo apenas pela emoção da conquista. É claro que ele pode ser ótimo na cama, mas é bem provável que você não o veja na mesa do café-da-manhã.

Mania — paixão ardente, que, em geral, inclui uma boa dose de irracionalidade e possessividade. Você pode dizer "medida liminar"? Não, não é tão ruim assim, mas esse cara pode declarar seu amor enquanto declama poesia no terceiro encontro, só para mais tarde anunciar que você é propriedade dele.

Ludus — que, em latim, significa "jogo". Esses homens são jogadores, sem a menor seriedade e que odeiam compromisso. Não odeie o jogador, odeie o jogo, ele diz. Será mesmo? Por que não podemos odiar os dois? Este tipo de homem vai dar corda só para vê-la se enforcar.

Storge — um tipo de amor de irmão e irmã, um sentimento de companheirismo, afeto. Mais na cabeça do que no coração. Ah, você é meu melhor amigo! Mas, às vezes, você quer um pouco mais, humm, algo mais físico. Vamos lá, cara, abra sua mente e eu o acompanho nessa jornada.

Agape — doce, gentil, altruísta, com um sentimento de dever, doação. Poderia ser o melhor da turma, se não estivesse sempre por aí protestando contra a economia global ou correndo de uma loja de produtos naturais para outra em busca de carne de soja.

Pragma — simplesmente isso, pragmáticos. Com base na compatibilidade e em coisas em comum, mas não na química, este é o tipo de amor encontrado nos mecanismos de busca de amor on-line. Dá para o gasto, e vocês dois parecem gostar das mesmas coisas, mas tudo parece muito previsível quando estão juntos.

O outro lado: a licença dos jogos amorosos

> *"Somos peças de um quebra-cabeça que dificilmente encaixam em outra peça. Românticos, idealistas, excêntricos, vivemos solteiros como se isso fosse nosso estado natural. Em um mundo em que festas e casamentos definem a ordem social, somos, por força de nossas personalidades e de nossa força interior, rebeldes."*
>
> — Sasha Cagen, fundadora, Quirky Alone

A organização fundada pela mulher citada anteriormente procura desestigmatizar os solteiros e os incita a "resistirem à tirania do relacionamento". Tirania? É um pouco dramático. Mas, embora a missão soe quase militante, o fervor é admirável. Pelo menos, não estão aceitando passivamente o estado solteiro ou namorando por aí só para não ficarem sozinhas. A Quirky Alone não pretende simplesmente sair do mercado de relacionamentos amorosos; pretende extingui-lo de vez.

É claro que sua posição não precisa ser tão radical assim, mas pode ser que, em alguns momentos, você se sinta desse jeito. Talvez você já tenha desejado sair desse ciclo de joguinhos amorosos, mas ficou com medo de perder uma oportunidade ou de se esquecer de como se namora. Entretanto, ir com mais calma pode ser uma boa idéia.

Primeiro, pergunte-se: seu desejo de tirar uma licença do jogo é motivado por ceticismo saudável ou será que você simplesmente desistiu? Se for esta última opção, você está indo de um extremo (o jogo a mil por hora) ao outro (cimentando seus pés ao chão).

Fala sério!

Você está correndo o mais rápido que pode, mas nunca parece chegar a lugar algum. Você está presa no mesmo lugar, e todas as suas noites têm um sentimento misteriosamente igual. As mesmas conversas, as mesmas histórias de sua vida, mas o rosto é um pouco diferente sob a luz de vela do barzinho da moda. Se você conseguiu se identificar, provavelmente está presa na triste corrida por relacionamentos.

Socorro! Você está saindo e não consegue sair desse ciclo. Humm. Talvez você esteja visitando muitos sites de encontro on-line. Talvez você precise pensar no que deseja e não se o fulaninho com quem saiu na terça à noite vai ligar ou não. É claro que os jogos amorosos podem ser divertidos de vez em quando — afinal, são rápidos e imitam um relacionamento de verdade —, mas você entrou na corrida errada.

Eleve (seus padrões) e conquiste (o amor)

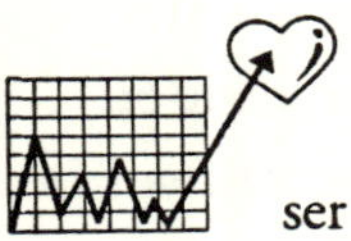

- **Você não vive on-line:** os encontros on-line e todos os demais recursos de alta velocidade podem ser fabulosos, mas isso não significa que podem substituir sair pela vida afora vivendo sua vida, com ou sem um homem ao seu lado.

- **Vá com calma:** ei, apressadinha, não há razão alguma para ter seis encontros por semana. E você não precisa saber se o cara é o homem certo antes de o aperitivo chegar. Dê a ele um tempo. Por outro lado, se tiver certeza de que ele não é o cara certo, diga não! Não há dúvidas de que você ficará lisonjeada quando ele a chamar para um segundo ou terceiro encontro, mas você não está a fim dele, para começo de conversa. Acredito que você é capaz de atrair alguém de quem goste de verdade!

- **Transformá-lo não lhe deixará mais feliz:** o homem com quem está saindo não é uma casa precisando de reforma, e o imperador não mudará simplesmente porque está vestindo roupas novas.

- **Tire uma folga:** se estiver realmente cansada dos joguinhos amorosos, pise no freio e pare de jogar por um tempo.

10. Você também não está a fim dele, mas precisava que ele estivesse a fim de você

"Toda saída é uma entrada para outro lugar."
— Tom Stoppard

PASSE MUITO TEMPO nesse ciclo e certamente ficará esbagaçada. O cenário parece o mesmo: você está correndo bem rápido e não está chegando a lugar algum. E, depois de um tempo, nada mais é capaz de surpreendê-la, exceto, talvez, seu próprio ego.

Mark Twain uma vez disse: "Não existem graus de vaidade, existem apenas diferentes maneiras de conciliá-la." E com bastante freqüência, quando você está saindo com um cara de quem não está a fim, é a sua vaidade e seu ego que estão trabalhando, não o coração.

Pode acontecer de várias formas. Talvez você tenha transado com ele; talvez ele seja só uma diversão temporária; talvez suas amigas tenham falado que deveria dar uma chance a ele. Ou, então, pode ser que você nem tenha pensado nele até ele não telefonar, apesar de ter dito que telefonaria. Seja qual for a razão, você saiu com ele porque, de alguma forma, isso a fez se sentir melhor. É claro que talvez o mais importante seria que ele gostasse de você, independente do preço pago ou das conseqüências. Em suma, seu ego falou mais alto.

A emoção de ser perseguida

"Não preciso estar a fim do cara para gostar da atenção que ele me dá."

— Stacey, 29, designer de interiores, Miami

Querer é poder, e o homem com quem você está saindo provavelmente sabe disso. Ele é agressivo e, quando o assunto é ficar com mulheres, sua tática é de guerrilha. Claro, ele pode não ser o cara mais bonito do bairro, mas justamente porque lhe falta a beleza é que lhe sobra persistência.

Ele a persegue e não aceita não como resposta. E confessa, você ficava lisonjeada de ouvi-lo dizer o tempo todo o quanto você é gostosa. Ele nunca foi sua primeira opção; nunca foi o cara certo. Você tinha duas opções: pegar ou largar. Entretanto, com o tempo, ele acabou vencendo pelo cansaço. E agora você está saindo com ele, apesar não de não estar a fim. A diferença é que agora, como a perseguição acabou, ele não é tão galanteador ou lisonjeiro quanto antes. Você entrou nessa para massagear seu ego, e agora que o placar está meio morno (apesar de, vamos dar crédito ao rapaz, outras coisas provavelmente não estarem tão mornas assim), você continua levando adiante esse relacionamento nada satisfatório. Mas será que isso a torna uma pessoa horrível? Como todas as outras pessoas do mundo, você também quer ser desejada. Mas, por acaso, o seu desejo de ser desejada é maior do que sua capacidade de fazer escolhas boas e sensatas em relação aos homens com quem está saindo?

Eu não estava a fim dele até que ele não estivesse também a fim de mim

"Não importa se não estou a fim do cara, preciso que ele esteja a fim de mim. Mesmo que eu não queira que ele telefone, ainda assim torço para ele ligar. Se não telefonar, fico pensando que existe alguma coisa errada comigo. Às vezes, dói muito mais quando você não está a fim dele, porque, aí sim, é a certeza cabal de que você é mesmo um fracasso completo."

— Kim, 33, gerente de vendas, Denver

A segunda vez em que concordou em sair com ele, fez isso com relutância. Ou seja, o primeiro encontro não foi de todo ruim, mas também não foi bom. Você nem pretendia retornar a ligação, mas, putz, estava se sentindo meio baixo-astral. Jantar com alguém que parecia estar a fim de você poderia dar uma boa movimentada em sua vida — especialmente depois do seu último namorado. Mas, mesmo que diga sim, você começa a pensar em desculpas para recusar um próximo convite.

E então acontece. Depois do segundo ou talvez terceiro encontro, ele não telefona mais nem escreve e-mails. Depois de vários dias, passava a ocupar mais e mais seus pensamentos (ou melhor, a falta de atitude dele). Você telefona para o trabalho algumas vezes, mas desliga antes de ele atender. Cinco dias depois do último encontro, desiste e acaba mandando um e-mail. Ele nunca respondeu.

É nesse ponto que toda aquela reflexão profunda começa: será que ele recebeu o e-mail? Será que está viajando a trabalho? Será que estava com problema no servidor ou será que passou o dia todo em reunião? Alguns livros podem dizer que ele não estava mesmo a fim de você. A questão é que você não deveria se importar tanto com o que o comportamento passivo dele está dizendo, porque a verdade que mais importa é que você nunca esteve mesmo a fim dele — isto é, até ele começar a se comportar como se não estivesse a fim.

Então, você começa a ficar muito, *muito*, interessada mesmo. Ou o seu ego ficou interessado na aprovação que receberia. Você não queria nada com ele, mas queria que ele estivesse a fim de você. Começa a ficar se perguntando o que aconteceu para ocorrer essa mudança, será que ficou menos atraente no último encontro? Será que estava com um pedaço de salada preso no dente durante o jantar? Foi a roupa que escolheu especialmente para a ocasião com o objetivo de esconder os resultados da TPM e que, no final das contas, não estava nem um pouco atraente? Será que conheceu alguém mais interessante? De repente, o desafio de fazer com que ele a deseje se tornou o fator motivador.

Isso não é maneira de assegurar um relacionamento amoroso e feliz, mas acontece o tempo todo. E quero dizer o tempo todo mesmo. Então, fala sério. Você já não passou por isso antes? Você sai com um homem por quem não está exatamente atraída simplesmente para massagear seu ego. E, de alguma forma, o primeiro encontro se transforma num segundo encontro e talvez em um terceiro. E os encontros são divertidos. Inofensivo e reconfortante, certo? Não exatamente. Em seguida, vem a espera ao lado do telefone e o e-mail que nunca chega, sabe-se lá por quê. De repente, você está completamente obcecada, presa, fisgada e largada.

Uma variação sutil dessa situação é o não menos odioso "tirar o time de campo". Ela ocorre quando um cara chega em você muito determinado e é bastante persistente até conseguir envolvê-la (o que, em geral, leva a outra coisa pelo caminho). De repente, do nada, ele tira o time de campo. É tão simples e manipulador quanto escolher os parceiros para uma partida de queimado no colégio, na aula de educação física. Mas quer saber? (Quase) Sempre dá certo.

POR QUE OS HOMENS CORREM ATRÁS E DEPOIS TIRAM O TIME DE CAMPO

Os homens dedicam todo seu tempo e energia para fazer você entrar no jogo. Quando você finalmente entra, ele resolve tirar o dele de campo. Por que os homens fazem isso? Por muitas razões. Em parte é por causa do ego (como vocês, quando querem ser desejadas). É como um jogo que se repete em todos os episódios de um desenho animado (compulsão repetitiva, como Freud chamou). Em termos leigos, é como o Popeye perseguindo a Olívia Palito até conseguir tê-la em seus braços no momento em que toca a melodia final, só que agora não há mais um obstáculo (lembra o Brutus?), então, em vez de abraçá-la, ele a afasta. Por mais simples que programas de televisão e outros livros sobre relacionamentos amorosos queiram fazer parecer, nós, homens, somos, sim, guiados por motivações maiores do que sexo, esporte e cerveja. Mas voltando um pouquinho ao seu caso: para ele, a conquista é o prêmio que seu ego precisa, e dispensá-la é só uma forma de se livrar de você antes que você faça o mesmo com ele. Agora, isso não significa que ele não estivesse também interessado em transar. Se vocês transaram, então é bem provável que ele tenha conseguido tudo o que queria e "tirar o time de campo" foi a forma que encontrou de escapar.

Também é possível que ele tenha tirado o time de campo por razões "certas". Ou seja, talvez tenha gostado de você, mas logo tenha percebido seus temores. Ou talvez não quisesse forçar a barra. A única maneira de descobrir a razão verdadeira é conversando e, com muita freqüência, no mundo dos encontros, estamos sempre lidando com mensagens confusas e sinais cruzados.

O sapo virou príncipe

> *"São sempre os homens com beleza mais comum que acabam nos conquistando."*
>
> — Claudia, 33, vendas, Cleveland

Todos os livros sobre relacionamentos amorosos recomendam evitar os homens bonitos a todo custo, porque eles nunca estão atrás de compromisso e, caso estejam, é bem provável que você seja traída. Humm. Sua experiência diz que isso é verdade? Talvez, mas você também deve tomar cuidado com os homens feios. Alguns deles são tão ardilosos quantos os amiguinhos bonitos. É aquela questão do velho ditado: não se deve julgar pelas aparências. Esses homens que estão longe de ser bonitos sabem que uma mulher atraente é capaz de se interessar por um homem que não o seja. O mais engraçado é que os homens são mais seletivos em relação à beleza porque não conseguem ignorar a parte física. As mulheres também são seletivas, mas levam em consideração o pacote completo. Às vezes, um homem feio tem um excelente senso de humor, um sorriso cativante ou um olhar desconcertante. E, como um passe de mágica, ele se transforma em príncipe bem diante dos seus olhos.

No entanto, assim que você começa a achá-lo atraente, sem qualquer aviso prévio, ele puxa seu tapete e você fica arrasada. Suas amigas não conseguem acreditar que esteja tão a fim dele, porque nunca viram seu lado príncipe, só o sapo. E, mesmo que você seja capaz de se divertir com as amigas, à base de muita marguerita, relembrando sua última humilhação e afirmando "Não acredito que aquele troglodita tenha me dispensado", a verdade é que ainda dói, e muito.

A pior parte é se apaixonar

"Não sou capaz de dizer quando aconteceu. Em um minuto eu não estava nem um pouquinho interessada, e no outro já era totalmente incapaz de fazer qualquer outra coisa, só pensava nele."

— Nicole, 32, arquiteta, Chicago

George Sand escreveu, "A vaidade é a areia movediça da razão", e, quando você reduz seus padrões, às vezes está a apenas alguns centímetros de se meter em um tremendo lamaçal.

Mas como você sabe se é só uma massagem no ego ou se é um sentimento verdadeiro? Como sabe se gosta mesmo dele? Está na hora de eu assumir meu lado médico e fazer algumas perguntas sobre o "não acredito que ele não esteja a fim de mim":

Ele está adquirindo algum significado especial? Quando começamos a gostar de alguém, começamos a perceber as qualidades únicas que só ele tem. Claro que no começo era só mais um na fila, mas agora os outros parecem não ter a menor graça perto dele. Existe realmente alguma coisa diferente. Ele é mais inteligente e mais sensível do que os outros. Resumindo: ele está se tornando especial para você.

Ele está atraindo mais a sua atenção? Quando começamos a gostar de alguém, pensamos muito mais nessa pessoa. Deixamos de lado família, amigos e o trabalho. Você verifica sua caixa postal várias vezes, fica ansiosa esperando pelos e-mails dele e fica se perguntando se o provedor está com algum problema. Você se vê pensando cada vez mais no tempo que passam juntos, em detalhes como o que ele pediu para beber e a cor da camisa que usou no último encontro. Coisas aleatórias e eventos estranhos começam a lembrá-la dele. É isso aí. Agora é definitivo. Ele conseguiu chamar sua atenção.

Você anda vendo o mundo todo colorido? Quando gostamos de alguém, tendemos a enaltecê-lo, transformar pequenos detalhes em grandes acontecimentos e costumamos deixar de lado seus defeitos e até mesmo passamos a achá-los bonitinhos e charmosos. Vemos suas qualidades através de uma lente de aumento. Nossos amigos não conseguem ver o que vemos nessa pessoa, mas não importa. O que importa é que nós vemos. Pergunte-se: seus amigos pensam que você tomou uma caixa inteira de alucinógeno por causa da forma como vê esse homem? Se a resposta for sim, é melhor comprar um par de óculos.

Você se sente consumida pela emoção? Está apaixonada? Você começou e logo parou de mandar e-mails curtinhos para ele? Quando você está com ele, essas emoções ficam mais fortes? Você precisa se esforçar para parecer calma e tranqüila quando, na verdade, sua cabeça está a mil por hora? Está tendo mudanças de humor, saindo da felicidade para a tristeza, dependendo da atenção que está recebendo dele ou não?

Você está se alimentando? Está dormindo bem? Em geral, quando começamos a gostar de alguém, sentimos uma excitação e como se estivéssemos cheios de energia. Nosso coração bate mais rápido, esquecemos de comer e temos dificuldade para dormir.

Você está mudando seu jeito de ser? Não importa se está mudando suas roupas, o cabelo, o gosto musical ou cinematográfico, ou mesmo suas prioridades e princípios, quando começamos a gostar de alguém, em geral tentamos nos igualar a ele e tentamos mudar de forma a parecermos mais atraentes e interessantes aos olhos dessa pessoa.

Você espera exclusividade dele? Se for apenas uma amizade colorida, não importa se ele está transando com outras mulheres. Quando você não gosta de verdade de alguém, não se preocupa se ele está saindo com outras mulheres ou não. Só quando você começa a se apaixonar é que passa a desejar e a exigir exclusividade.

VICIADO EM AMOR

Se ajudar, você pode pensar na sensação de se apaixonar por alguém (mesmo alguém de quem não parecia estar a fim) como o processo do vício, e digo isso literalmente. "Como o amor romântico é semelhante a um tremendo barato, e essa paixão é extremamente difícil de controlar e produz um desejo ardente, obsessão, compulsão, distorção da realidade, dependência física e emocional, alteração de personalidade e perda do autocontrole, muitos psicólogos consideram o amor romântico um vício — um vício positivo quando o amor é retribuído, uma fixação terrivelmente negativa quando o amor é desprezado e você não consegue se livrar dele." Essas são as palavras de Helen Fisher, uma famosa antropóloga.

A situação começou inofensiva. Alguns encontros, nada demais — você nem estava a fim do cara. Mas, quando começou a se sentir um pouco sozinha ou começou a gostar de toda aquela corte e de massagear seu ego (e as partes baixas), você resolveu investir um pouco mais. E, em algum lugar do processo, você se tornou completamente viciada naquilo, babando pelo próximo encontro. Como todas as "drogas viciantes", o amor afeta um único caminho do cérebro (o sistema mesolímbico de recompensa), que é ativado por aquela velha dopamina. Quando os neurocientistas compararam as tomografias cerebrais dos sujeitos arrebatados pelo amor com as de homens e mulheres que haviam injetado cocaína ou opióides, descobriram que muitas das regiões cerebrais afetadas eram as mesmas.

Então, como você consegue se livrar de algo tão viciante? Só tenho uma palavra a dizer: abstinência. Como qualquer vício, desistir do cara será difícil no início. Você ficará tentada a sucumbir ao receber um telefonema tarde da noite ou ao ouvir uma música melosa que a faça lembrar de vocês dois. Mas, com o passar do tempo, a resistência ficará melhor e, em alguns meses, você olhará para trás e nem se lembrará mais por que foi tão difícil. Perceberá que realmente não estava a fim dele, e o vício será como uma recordação antiga.

Se respondeu sim a alguma ou a todas essas perguntas, então você não só está começando a gostar da pessoa, mas está se apaixonando por ela. Sim, está se apaixonando, está a meio caminho de uma paixonite aguda. Não importa o que a fez chegar até aqui, se tudo começou por causa de sexo, se ele era alguém com quem você só queria passar o tempo enquanto não encontrava alguém melhor ou se só ficou com ele para sair daquele triste ciclo de encontros malsucedidos — uma vez que você começa a se apaixonar por alguém, as apostas estão encerradas.

Contudo, se esses sentimentos são recíprocos, então você está livre da montanha-russa amorosa. No entanto, o mais provável é que, se fosse esse o caso, você nem estaria lendo este livro.

Então, o que acontece quando seus sentimentos não são retribuídos? Bom, é bem provável que seu passeio seja bem mais acidentado, incluindo dolorosos sentimentos de rejeição, raiva, ciúme, paranóia e, finalmente, a resignação. De certa forma, o processo é conduzido quimicamente (nossa velha amiga dopamina, além de outras), e é irônico que as mesmas substâncias químicas que nos levam a experimentar a alegria e o êxtase do amor romântico sejam aquelas que nos levam ao desespero.

O outro lado: você só fica a fim de caras por quem jamais ficará a fim de verdade

> *"Tenho a tendência a entrar em relacionamentos com homens por quem sei que não vou me apaixonar, porque é mais seguro."*
>
> — Olivia, 31, departamento de vendas publicitárias, Atlanta

Um dos cenários possíveis para se apaixonar por um homem de quem nunca esteve a fim e que conseguiu estar com você só por causa do desafio é que pode ser um relacionamento em que o principal atrativo seja simplesmente a falta de atração. Por mais estranho que pareça, acontece o tempo todo.

Muitas mulheres acabam saindo com homens de quem não estão a fim (ou que não são adequados para elas) porque é mais seguro, caso não dê certo. Quando acaba, podem simplesmente dizer "Bom, ele não servia para mim mesmo" e voltar correndo para o mercado, só para recomeçar todo o ciclo de novo.

O problema com esse tipo de comportamento é que as mulheres acabam baixando drasticamente seus padrões. Você pode pensar que está cedendo só um pouco, mas, como resultado, está cedendo muito mais do que deveria.

Será que não é muito pior quando aquele perfeito idiota com quem você estava saindo só para massagear seu ego (sejamos francos aqui) acaba dando um chute em sua bunda? Você entra no jogo na defensiva, imaginando que pode vencer a qualquer momento e acaba sendo surpreendida e perdendo em um contra-ataque inesperado. O que quero dizer é como aquele cara que nem se veste bem e que ainda mora com a mãe pode dispensá-la? Será que ele seria mesmo capaz de encontrar alguém melhor? Será que o mercado é assim tão implacável? E, se for, o que você vai fazer a respeito? É bem capaz de, na próxima vez, você baixar ainda mais seus padrões. E isso continuará até chegar ao fundo do poço e finalmente chegar à conclusão de que é melhor ficar sozinha.

Fala sério!

Você não estava a fim dele, mas, em algum momento, seu ego entrou no jogo e você passou a precisar que ele estivesse a fim de você. Talvez só estivesse mesmo atrás de um pouco de atenção e ficou confusa quando ele tirou o time de campo. Ou talvez tenha se preocupado tanto em fazê-lo ficar a fim de você que acabou entrando em um relacionamento só para se impor e ser aceita. Mas o que aconteceu depois disso? Bom, talvez não tenha dado em nada e você tenha voltado para o triste ciclo amoroso.

Ou talvez, de alguma forma, você tenha começado a gostar dele e, de repente, tenha se visto apaixonada. Se o sentimento for recíproco e, no final das contas, esse homem se mostrar mais do que parecia a princípio, pode ser que estejam no caminho certo de construir um relacionamento sério e verdadeiro. Entretanto, se ele for tudo aquilo que você sempre imaginou que fosse, ou quem sabe até menos do que isso, você está prestes a se sentir pior por causa do tempo e da energia gastos fingindo que estava a fim dele.

Eleve (seus padrões) e conquiste (o amor)

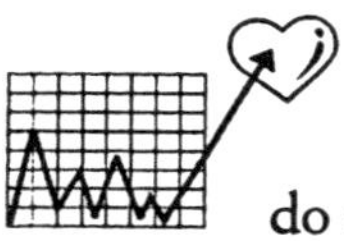

- **Deixe o ego de lado:** se você estiver a fim dele só porque precisa que ele esteja a fim de você, está deixando seu ego guiar suas decisões. E, embora não possa excluir totalmente o ego da vida amorosa, não o deixe guiá-la (ou arruiná-la).

- **Não entre no jogo:** se você resolver ceder só porque ele está atrás de você, então entrou no jogo. Em vez disso, use bom espírito esportivo e seja segura o suficiente para mandá-lo pastar.

- **Depois de se apaixonar:** mesmo que você acredite não estar a fim dele, pode ser que esteja mais envolvida do que pensa. Preste atenção aos sinais. E, se os sentimentos não são recíprocos, lembre-se do que não viu nele logo de cara e pule fora enquanto é tempo.

- **Não jogue só na boa:** se você tiver a tendência a sair com caras de quem não está a fim simplesmente porque é mais seguro, está baixando seus padrões. Para conseguir conquistar o que merece, precisa se arriscar.

11. Você não está a fim dele (nem de ninguém) e já desistiu de encontrar o amor

"Quando você percebe que deseja passar o resto de sua vida com alguém, você quer que o resto de sua vida comece logo."

— *Harry e Sally*

ENTÃO, QUER DIZER que você desistiu de encontrar o amor, não foi? Não quer mais pensar nisso. Já aproveitou sua cota, lavou as mãos e não quer nem ouvir falar de toda aquela história sórdida de relacionamentos: os relacionamentos vazios, aquela enorme fila de pretendentes que só servem de passatempo, aquele interminável ciclo de encontros e desencontros chamado vida amorosa. Você já gastou boa parte do seu precioso tempo aprendendo a gostar de um imbecil só para perceber logo em seguida que *ele simplesmente não está a fim de você*. E quem pode julgá-la por jogar a toalha assim?

Você tem todo o direito de desistir. Na verdade, queria até mesmo oferecer meus mais sinceros parabéns!

Você conseguiu! É isso aí. Não tinha certeza se você teria essa força dentro de si, mas conseguiu passar no teste!

Deixe-me explicar melhor. Enquanto estivermos neste capítulo, pense em mim como o Willy Wonka de *A Fantástica*

Fábrica de Chocolate (sem o cabelo encaracolado e aquele chapéu engraçado, claro).

Lá atrás, tudo começou com um convite dourado (junto com um coração aberto); você estava pronta para uma viagem pela Fantástica Fábrica do Amor e da Felicidade Eterna. Contudo, em algum ponto do caminho, pegou uma rua errada e acabou perdendo o passeio. Foi obrigada a entrar no triste ciclo amoroso e, finalmente, desviou do caminho.

O eterno mito do amor

O convite dourado era uma armadilha. A verdade é que todos ganharam um e todos acreditavam ter sido os premiados. Isso se chama o mito do amor. Nossa alma gêmea está por aí em algum lugar e, assim que a encontrarmos, seremos felizes para sempre. Não é assim que acontece nos filmes?

O amor romântico é tão antigo quanto a narrativa de histórias, e é uma das tradições mais respeitadas. As meninas conhecem os rapazes e se apaixonam. Não é assim que deve funcionar? Mais ou menos, pelo menos na teoria. Mas, a essa altura do campeonato, você já sabe que não é bem assim.

É claro que você levou um bom tempo para entender. Não acredita mais nessa história de "felizes para sempre". Sabe que o convite dourado era uma fraude e, a essa altura, você já está arrependida de ter entrado na brincadeira — o que era para ser um simples passeio na verdade era uma porta de entrada para uma interminável guerra de agonia e angústia. Nesse ponto, você já passou por tantas coisas, que é candidata fortíssima a ser condecorada com a Ordem do Rio Branco.

Então, aqui está você, p. da vida, derrotada — e pronta para desistir de encontrar o amor e sair correndo.

Bom, espera um minuto. (É nessa hora que devo agir como o Willy Wonka e pedir que você espere.) Acabei de computar os pontos e adivinha só? Você ganhou! (Não se preocupe, não vou pedir que você dê um passeio no meu elevador mágico.) Sabia que você era melhor do que os outros. E bem quando pensou que tudo estava acabado, tudo estava só começando.

E todas aquelas vezes em que você baixou seus padrões e ficou tentada a se acomodar com alguém? Você não se acomodou. Talvez tenha sido pego desprevenida, tenha ficado com medo, desesperada, tenha balançado, mas não se acomodou. Não desistiu de vez. Na verdade, todas as suas experiências ajudarão a abrir caminho para que você aumente seus padrões e encontre o tipo de relacionamento que merece. Pode não ser exatamente um conto de fadas, mas acontecerá com base na vida real e com alguém que esteja a fim de você.

Embora comprometimento possa ser considerado o nome do jogo no mundo dos negócios, nessa terra das guloseimas que chamamos de amor, é *não* comprometer seus padrões e se lembrar do que você realmente deseja e merece.

A guerra do amor: o hall da fama de um veterano

Talvez você tenha transado com vários homens pelo caminho, tentando transar como um homem. Às vezes, era divertido e recompensador, pelo menos na parte física. Outras vezes, era apenas um corpo morno para esquentar as frias noites solitárias. Você tem suas necessidades, gosta de sexo e gosta também daquela breve sensação de intimidade. Mas não confunde isso com amor — ou pelo menos é isso que você pensa.

E, embora não tenha se conformado em passar a vida toda transando por transar, já conseguiu encontrar maneiras de lidar com o fato de estar solteira enquanto não conhece alguém. Bem lá no fundo, você está torcendo para que o homem de sua vida se materialize na sua frente sem que precise correr atrás e, como num passe de mágica, logo de cara tudo fique claríssimo (sem muita confusão ou desordem). Infelizmente, a vida tem o péssimo hábito de castrar nossos planos, mesmo os mais bem traçados. E por mais que a gente tente manter uma certa distância, em algum momento os sentimentos entram no jogo. E é nessa hora que muitas mulheres (e talvez você seja uma delas) jogam a toalha e decidem ficar sozinha.

Conheça Victoria. Uma executiva de marketing de 37 anos de idade. Ela se esforçou tanto para transar como um homem que isso acabou se tornando seu *modus operandi.* Na verdade, chegava a ter orgulho de sua liberdade sexual, apresentando sua carreira como um troféu recebido à custa de muito sacrifício emocional (diferente de suas amigas, que vivem choramingando por aí e que são muito menos bem-sucedidas). Não tinha tempo para relacionamentos, só alguns amigos com quem ficava quando estava na secura. Estava convencida de que não precisava de amor, que era completamente imune a todo esse engodo amoroso. No entanto, lá no fundo, sua necessidade de ter alguma companhia acabou aflorando. Em algum momento, começou a torcer, mesmo que de forma fantasiosa, que um "pinto amigo" se transformasse em um namorado de verdade, um parceiro, mesmo que por conveniência, pelo menos era isso que dizia para si mesma para se convencer. Afinal, fazia sentido. Já eram amigos. Eram sexualmente compatíveis. Mas, quando percebeu que os "pintos amigos" somente a viam como alguém para passar o tempo, ficou arrasada, assim como qualquer uma de nós. Bom, talvez até um pouco mais. Foi quando decidiu se concentrar na carreira e se resolver com o bom e velho vibrador.

E tem também **Monique**. Uma designer de 29 anos. Sempre pareceu ser o tipo de mulher que procurava os homens errados porque só conseguia se sentir bem quando era desejada, por qualquer homem, não importava qual. Monique tinha uma longa lista de rapazes com quem costumava apenas passar o tempo. Costumava colocá-los em um pedestal para não admitir que estavam muito abaixo dela. Entretanto, eles sabiam a verdade e secretamente desprezavam-na por isso. Então, aos poucos, eles foram deixando Monique, um a um, o que só a deixava ainda mais insegura e sozinha do que da última vez. Finalmente, desistiu. Mesmo que estivesse ainda mais sozinha, pelo menos era menos doloroso não ter de enfrentar esse ciclo todo de novo.

Vamos torcer, pelo menos, que você não seja como **Chloe**. Uma professora de 33 anos, casada com um homem que sabia não ser o cara certo, simplesmente porque todas as amigas estavam se casando e seus pais gostavam dele. Chloe sentia que jamais encontraria o homem certo e decidiu que não valeria a pena gastar o restante de seus anos de fertilidade tentando. Então, ficou com o que apareceu, mesmo sabendo que estava se conformando com menos. Ainda assim, estava feliz em poder exibir um anel de noivado. Ficou tão envolvida com os detalhes do casamento que, antes mesmo de perceber, o senhor passatempo já tinha se transformado em seu marido. E foi assim que Chloe desistiu. É isso mesmo. Verdade. Casar com o homem errado pelas razões erradas é a mesma coisa que estar sozinha em casa com o vibrador. Só que é muito, muito pior, mesmo porque, no caso de Chloe, você não fica nunca, e ao mesmo tempo sempre sozinha.

Se você tiver alguma coisa em comum com Victoria ou Monique, considere-se uma mulher de sorte. É claro que já deve ter tido suas experiência de sexo casual ou de relacionamentos ruins, mas, pelo menos, não fez o mesmo que Chloe (espero) Pelo menos, não sacrificou sua liberdade e seu futuro por um anel.

Então, agora estou aqui para dizer que você não ganhou a fábrica de Willy Wonka. E isso significa que precisa voltar à ativa, acreditar em si mesma e entrar no jogo de verdade. Talvez já tenha perdido algumas partidas antes, mas conseguiu reunir forças para reagir no campeonato, recusando-se a se conformar com o rebaixamento. Você teve tempo suficiente para refletir e se recuperar. Acreditou em você o suficiente para não se conformar com menos e agora chegou a hora de voltar à luta e correr atrás do título.

Sei que é bem provável que você fique apreensiva em voltar ao ciclo amoroso. Tem medo de repetir os mesmo erros do passado. Sabe que tentar transar sem sentimento acaba levando a sentir alguma coisa por alguém com quem transou, mesmo que não queira. E é claro que você não quer se apaixonar pelo cara errado de novo.

Ou talvez não confie mais no seu gosto para homens. Sabe que tem uma tendência a ver mais do que simplesmente os defeitos do cara e acaba se forçando a se apaixonar a qualquer preço, o que só resulta em ressentimentos e ao mesmo triste e amargo ciclo.

Mas preste atenção: você é esperta o suficiente para não terminar como Chloe. Você não estava tão triste, tão desesperada a ponto de se casar com alguém que sabia ser um erro (ou talvez tenha acabado de sair da fase "casamenteira" e esteja pronta para correr atrás de algo melhor). Entretanto, antes de mais nada, precisa confiar em você. Porque a verdade é que ninguém sabe melhor do que você o que a faz feliz. Você aprendeu com os erros passados. Saiu do ciclo amoroso por uma razão ou por outra. E, quando algumas amigas se acomodaram, como Chloe, você persistiu.

Agora chegou a hora de voltar a confiar em si mesma e voltar ao mercado. Como?

Bom, se no primeiro encontro você já percebe que ele não serve para você, decida logo cortar o mal pela raiz. Chega de joguinhos amorosos ou de ficar sentada esperando que ele telefone novamente para chamá-la para sair.

Se gostar dele, não deixe de dar uma segunda chance, mas, quando souber que ele não é o cara certo para você, *aprenda a dizer não.*

Ou digamos que você chegue à conclusão de que está a fim de fazer sexo casual (bom, todos nós temos nossas necessidades). Ainda assim, você está com medo de se envolver. Não peça o número de telefone. Não dê a ele seu número. Ou simplesmente não retorne suas ligações, se ele já tiver o número. Se tiver a certeza dentro de si mesma de que não está a fim dele, mas que existe uma chance de se envolver emocionalmente com ele se transarem mais de uma vez, não transe. Ponto final. Vá embora como os homens fazem (saia porta afora, sem nem olhar para trás).

Você está prestes a abrir mão da busca pelo amor, pelo menos da forma como você vem buscando, e isso é bastante assustador, porque é melhor lidar com os diabinhos que conhece do que com aqueles desconhecidos.

No entanto, não há como voltar atrás, não depois de chegar à reta final. Você está pronta para mudar.

E por que gostaria de mudar? Durante todo esse tempo, esteve procurando o tipo de amor que merece. Você levou muito tempo para chegar até aqui.

Está pronta para passear no elevador mágico (eu sei, eu sei. Eu disse que não pediria que você passeasse no elevador mágico, mas a metáfora se encaixa muito bem aqui) — e subir o máximo que seus padrões permitirem.

Então, recupere sua vontade de encontrar o amor e vamos em frente. E enquanto estiver caminhando, olhe com cuidado para a fábrica de chocolate e para todas aquelas pessoas andando de um lado para o outro com um convite dourado na mão, fazendo as mesmas coisas que você fazia (saindo com o senhor passatempo, vivendo naquele triste ciclo amoroso etc. e tal). A partir do seu ponto de vista privilegiado, eles parecem muito pequenos e patéticos. Você é muito maior do que isso.

Você não está a fim dele, mas isso não a impediu de transar com ele; não a impediu de sair com ele; não a impediu de gostar dele. Você não está a fim dele, mas quer saber? Isso não a impediu de nada.

Fala sério!

Bom, você pensou bem em tudo. Depois de todos aqueles tristes encontros e daqueles homens com quem só passava o tempo até encontrar alguém melhor e de todas aquelas lutas travadas, você chegou ao seu limite e resolver chutar tudo para o alto. Quase desistiu do amor e quase se conformou com o primeiro homem que passasse na sua frente. Você se perguntou: *Por que não?* Ele provavelmente não era nem melhor nem pior do que os outros. Então, lá estava você, na beira da prancha, pronta para pular.

Foi nesse momento que algo aconteceu. Uma voz, um *insight*. Você ouviu um chamado claro. É claro que o amor está em algum lugar, esperando por você. E é claro que você irá encontrá-lo. Será que ele vai ser como nas novelas? Não, mas não tem problema. Será bem melhor, porque será de verdade. O primeiro passo é sair do ciclo amoroso, o que você já fez (ou está prestes a fazer). Desse ponto em diante, está a apenas alguns passos do passeio na fantástica fábrica de chocolate.

Eleve (seus padrões) e conquiste (o amor)

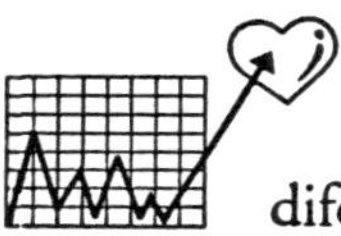

- **O amor não é um cartão da Hallmark:** é bem provável que o amor verdadeiro seja completamente diferente de tudo que você procurou por toda a vida. Não é uma caixa embrulhada para presente que traz felicidade eterna. Mas, assim que perceber como é a realidade, ficará muito mais fácil encontrar.

- **Você é uma orgulhosa veterana:** você está de saco cheio e esgotada de estar o tempo todo no fronte de guerra. Mas não fique amarga. Fique orgulhosa. Todo esse tempo investido vai trazer resultados, uma vez que você vai ficando mais sábia e mais esperta no jogo do amor.

- **A voz está chamando:** você ouviu o chamado, agora precisa atendê-lo. Saiu do ciclo amoroso, agora, levante a bunda da cadeira e volte ao mercado, só que dessa vez, confie em você.

- **Pegue a toalha de volta:** você jogou a toalha quando desistiu, mas nunca é tarde para pegá-la de volta. Você está indo em uma nova direção e não terá mais o ciclo amoroso a perseguindo. É um novo caminho e você terá de percorrê-lo sozinha, mas a linha de chegada é muito mais recompensadora aqui.

12. A gaiola

"Existem quatro perguntas importantes na vida, Dom Otávio. O que é sagrado? De que é feito o espírito? Pelo que vale a pena viver? E morrer? A resposta para cada uma dessas perguntas é a mesma: o amor."

— Dom Juan De Marco

ENQUANTO RELIA esses três últimos capítulos no "ciclo" de padrões mentais e emocionais, aos quais, em geral, ficamos presos, não consigo deixar de pensar o quanto tudo isso se aplica à minha própria experiência — as mulheres não são as únicas que acabam desistindo de encontrar o amor.

Antes de eu conhecer minha esposa, Lisa, o grande amor da minha vida, estava acomodado em um relacionamento de cinco anos com uma mulher, de quem fiquei noivo, apesar de nunca termos marcado a data do casamento.

Ela era atriz/dançarina, e a idéia de fazer o pedido surgiu enquanto ela estava viajando em turnê em uma produção de *A Chorus Line.* Eu deveria ter simplesmente dado tchau e bênção na mesma hora, mas, como você sabe, um romance de "passatempo" logo se torna toda a sua vida. Então, como cheguei ao ponto de pedi-la em casamento? Será que foi apenas uma questão de tempo e obrigação? Acho que senti que lhe devia algo, uma vez que já estávamos juntos havia cinco anos.

E quanto a mim? O que devia a mim mesmo? Obviamente, não muito. Apesar de não ter percebido na época. Só fazendo uma retrospectiva de tudo é que percebi como minha auto-estima estava baixa. Não desisti de encontrar o amor, porque, em primeiro lugar, nunca achei que merecesse isso.

Uma escola de psicologia sugere que sentimos atração por aqueles que simbolizam nossos pais, com quem temos mais conflitos. No meu caso, seria meu pai. Meus pais se separaram quando eu tinha três anos e, depois do divórcio, eu visitava meu pai nos fins de semana no Chelsea Hotel (um famoso *point* boêmio no sul de Manhattan), onde ele buscava levar uma vida de artista, com total liberdade espiritual (e nenhuma responsabilidade).

Meu pai também bebia muito e, enquanto crescia, tive de resgatá-lo muitas vezes de enrascadas em que se metia. Sempre me senti o adulto do relacionamento. Passei boa parte da minha adolescência e início da vida adulta salvando meu pai, e não era de surpreender que me sentisse atraído por uma mulher que precisasse da minha ajuda. Meus amigos costumavam brincar que eu gostava do papel de salvador da pátria, moldando mulheres financeira, emocional e intelectualmente dependentes de mim. A verdade é que minhas escolhas revelavam um medo profundo do abandono.

Não estou sugerindo que todos que estão nesse ciclo amoroso de encontros e desencontros sejam candidatos à psicanálise, mas acredito que, se refletirmos em nossa infância, reconheceremos padrões que se repetem na nossa vida amorosa — às vezes por bem, outras por mal. Em geral, esses padrões surgem inconscientemente até que uma experiência nos force a fazer uma avaliação. No meu caso, foi quando comecei a escrever. Na faculdade, queria ser dramaturgo, e minhas histórias eram cheias de raiva e violência. Nunca escrevia sobre mim, pelo menos não conscientemente — sempre criava "personagens".

Finalmente, tive coragem de escrever sobre meu relacionamento com meu pai em uma peça chamada *O homem sério*. Escolhi esse título porque, enquanto escrevia, caiu a ficha de que sempre fui o lado sério da personalidade nada convencional do meu pai, à custa do meu crescimento emocional. Percorri um caminho doloroso enquanto escrevia, mas isso me permitiu confrontar questões dolorosas que sempre tive medo de enfrentar.

Quando terminei a peça, senti-me outra pessoa. Estava diferente e, mesmo assim, tudo à minha volta estava igual: meu emprego, meu apartamento, minha noiva dançarina. Tudo era tão claustrofóbico que sabia que tinha de agir o mais rápido possível.

Existe um poema de um poeta alemão, Rilke, que me ajudou a entender minha situação e me deu estímulo para mudar. Chamava-se "A Pantera", e seus poucos versos descreviam a vida triste de um gato selvagem capturado na selva e reduzido ao confinamento de um zoológico. A seguir, estão algumas estrofes:

De tanto olhar as grades seu olhar
esmoreceu e nada mais aferra.
Como se houvesse só grades na terra:
grades, apenas grades para olhar.
A onda andante e flexível do seu vulto
em círculos concêntricos decresce,
dança de força em torno de um ponto oculto
no qual um grande impulso se arrefece.
De vez em quando o fecho da pupila
se abre em silêncio. Uma imagem, então,
na tensa paz dos músculos se instila
para morrer no coração.

Sentia-me como a pantera, preso em uma gaiola criada por mim mesmo (é difícil ver as grades, especialmente quando foi você que as construiu). Entretanto, naquele momento, senti o impulso da vida e não podia deixá-lo morrer dentro do meu coração.

Então, saí da gaiola, deixei minha antiga vida para trás, sem saber o que encontraria lá fora, mas com a certeza de que não iria desistir nem me casar com alguém que não amasse do fundo do meu coração e da minha alma. Acabou que o amor da minha vida estava me esperando; na verdade, podemos até dizer que estava procurando por mim. (Não só minha futura esposa morava a dois quarteirões de mim, como trabalhava no mesmo escritório e era a melhor amiga do melhor amigo do meu melhor amigo.) Mundo pequeno, não? O mais estranho de tudo é que dividimos o mesmo espaço algumas vezes e, mesmo assim, quando saímos a primeira vez, nenhum dos dois reconheceu o outro. Não importava se estivemos tão distantes um do outro nos últimos anos. Não estávamos prontos para o amor. Bom, pelo menos eu não estava.

Vou deixar minha esposa falar por ela....

Conclusão:

O CHAMADO DE UM HOMEM, OU COMO ME CASEI (ESCRITO POR LISA RUBISCH, ESPOSA DE IAN)

NÃO ME ODEIE porque sou casada. Lá no fundo, ainda me sinto como a Bridget Jones. Todo dia me belisco para ver se é verdade que encontrei o amor. Como feminista, definitivamente não vejo o casamento como o principal objetivo da minha vida, e certamente não é para muitas pessoas. Mas era algo que sempre quis. Se você também sempre quis se casar e está frustrada com a falta de material marital disponível, talvez minha história possa ajudar a trazer um pouco mais de esperança. Minha história sexual pode ser contada em uma mão — uma mão com alguns dedos a menos, para ser mais exata. Sou uma daquelas boas meninas que sempre viram namoradas. Mesmo quando tentei apenas ficar com um homem, transar com ele uma vez e nunca mais nos vermos, acabei entrando em relacionamentos de cinco anos.

Existem algumas razões para isso: primeiro, minha mãe me ensinou a não precisar de um homem. Ponto final. Segundo, tenho um tipo físico muito particular: sou baixinha, cabelo curto e meio esquisita. Os homens pensavam que eu era um menininho ou a menina dos seus sonhos. Terceiro, tenho uma forma de libido ou tudo ou nada: ou estou total, desesperada, psicoticamente apaixonada ou não.

E se eu não estiver, não consigo beijar, dançar música lenta ou receber massagem nos pés, muito menos transar. Já tentei várias vezes me comportar como uma vadia, mas não consegui. No segundo grau, tinha um namorado maravilhoso, logo depois tive um namorado fabuloso na faculdade, seguido por uma relação que se arrastou por cinco anos até que foi acabando aos poucos.

Em todos os casos, eu que terminei. Sentia que havia tomado decisões inteligentes e cuidadosas e achava que tudo que é bom dura pouco e tem um fim. Como Estella em *Grandes Expectativas,* ficava bem segura dentro do meu casulo. Jovem, saudável, com muitos amigos e um emprego dos sonhos, eu podia até gostar de um homem, até mesmo amá-lo, mas *precisar* dele? Nem tanto. Sentia-me imune às dores do coração — isto é, até o dia em que conheci aquele inglês. [Nuvens negras, raios e trovões, música instrumental aterrorizante.] Vamos chamá-lo de Nefasto. Nefasto foi minha destruição. Toda mulher deveria cruzar com um Nefasto pelo caminho: uma pessoa que a destrói, humilha e a faz sofrer absurdamente. Tenho certeza de que você tem o seu. Talvez só não perceba o quanto ele foi bom para você.

O Nefasto foi a melhor coisa que aconteceu comigo, porque a experiência me fez amadurecer. Depois de conhecer alguém assim completamente errado, finalmente tornei-me capaz de reconhecer o homem certo. E, a seguir, está a saga (resumida):

Nefasto e eu nos cruzamos em um bar irlandês em Manhattan em uma noite funesta. Carinha de menino e sorriso esperto, parecia um Paul McCartney jovem. Ele tinha um daqueles cortes de cabelo meio compridos e arrepiados que, junto com o sotaque, permitiu que os ingleses seduzissem as norte-americanas desde que Mick Jagger atingiu o auge.

Flertamos sarcasticamente na noite em que nos conhecemos e começamos um relacionamento sem compromisso. Existia muita química, mas não precisávamos estabelecer nada sério. Ele foi o meu primeiro não-namorado. O feitiço "Sou do tipo que sempre namora" tinha finalmente quebrado. Então, quatro meses depois, ele me disse que estava se mudando para o Reino Unido. O que é mais afrodisíaco do que algo que não podemos ter?

Apareci no churrasco de despedida em um vestido preto sensual e com um saco de *marshmallow* na mão. De repente, tornou-se extremamente importante que ele ficasse. O churrasco inglês consistia em algumas pizzas e muita cerveja, nada de carne ou grelhados, então resolvemos assar os *marshmallows*. Foi naquele momento que decidi que estava apaixonada.

No terraço do prédio, naquela noite, ele segurou meu rosto e confessou seu amor. O céu de Nova York era uma grande nuvem de velas acesas. Meu vestido se enroscou em minhas pernas enquanto nos beijávamos. Durante um momento, eu era Annie Hall.

Tudo estava indo muito bem até que cometi um erro fatal, um erro que o levaria a voltar correndo para a Inglaterra, onde desapareceria, deixando-me sem nada, exceto o triste papel. Disse que me sentia da mesma maneira. E assim, num passe de mágica, tudo ficou claro. Quando a caçada, a sedução, chegou ao fim e eu estava correspondendo aos seus sentimentos, ele perdeu o interesse. Deixei de ser o amor de sua vida para ser a protagonista de seus pesadelos.

Mas não foi tudo culpa minha. Um jogador desonesto quando o assunto era sentimento, ele suava a camisa para vencer o jogo e depois tirava o time de campo. Aparecia de surpresa na cidade e, durante o jantar, confessava que não podia viver sem mim, só para anunciar na manhã seguinte que sentia muito, mas que tinha namorada.

Fiquei arrasada, acabei me tornando uma daquelas meninas grudentas e deploráveis sobre as quais minha mãe sempre me alertou.

Foi o relacionamento menos significativo da minha vida, então por que não conseguia esquecer? Levei quatro agonizantes anos para perceber que Nefasto era fruto da minha imaginação, que era um namorado imaginário.

Criei uma fantasia superficial com base principalmente em um corte de cabelo estiloso e um sotaque charmoso, e fiquei aficionada pela fantasia. O homem que criei não tinha nada a ver com aquela pessoa de carne e osso que estava destruindo meu coração. Tudo que tive dele foram alguns e-mails atrevidos, um encontro quente e alguns momentos doces. Não muito que justificasse continuar. Acontece que o filme *Trainspotting* tinha acabado de ser lançado e, tal como a música, tudo que era inglês estava invadindo a cultura pop novamente. Incitada por Ewan McGregor, Irvine Welsh, Damien Hirst e aqueles malditos irmãos do Oasis, eu fiz todo o resto.

Segurei-me àquela fantasia como um *pitbull* teimoso. Eu me consumi, chorei, bebi uísque demais. Visitei médiuns e astrólogos, qualquer um que pudesse me dar um fiozinho de esperança que fosse. Ia a bares que costumava freqüentar e acabava chorando no banheiro. Escrevia e-mails só para mostrar a ele o quanto já tinha superado tudo. Mas é claro que nós dois sabíamos que eu estava mentindo.

Ouvia os Beatles e beijava ingleses estranhos com dente feio. Parei de dizer a minhas amigas que ainda pensava nele, porque, depois de quatro anos, já estava se tornando algo meio esquizofrênico.

Por mais louca que minha história possa parecer, acredito que muitas mulheres já passaram por algo assim. Nós, mulheres, criamos muitas fantasias. Quando estamos com o homem errado que claramente não tem as qualidades que desejamos, com todo o prazer do mundo acabamos oferecendo a ele tudo o que não tem. Em vez de percebermos que ele não serve, preenchemos as lacunas que faltam.

A qualidade mais importante em um homem é, antes de tudo, estar interessado em nós. Acabamos esquecendo disso e nos seguramos na esperança e no processo de negação. E, quando esse homem, que não serve para nós, perde o interesse, nosso ego entra em campo e traz com ele toda a choradeira, o comportamento discutível, a autodestruição e a humilhação.

Então, como consegui finalmente esquecer o desgraçado? Minha epifania ocorreu em uma tenda de astróloga. Um espírito sobrenatural, foi ela quem salvou minha vida. Cercada por cristais empoeirados e um *yorkie* histérico, ela se inclinou sobre a mesa, interrompeu a gravação da fita e disse: por que você está fazendo isso com você?

Reclinei-me e pensei sobre isso.

Por que *estou* fazendo isso?

Foi quando caiu a ficha... durante todo esse tempo em que me preocupei em entender por que ele não gostava de mim, esqueci de me perguntar se eu gostava dele.

Na verdade, não gostava desse indivíduo.

Ha!

Tentei imaginar como seríamos se nos casássemos e estivéssemos velhos. Estaríamos nos divertindo ao som de Radiohead em nossas cadeiras de roda? Será que ele ainda teria cabelo suficiente para manter um corte de cabelo estiloso? Será que ainda acharia um charme a forma como às vezes ele bebia mais do que devia? Que diabos eu estava pensando?

E, como num piscar de olhos, a chama finalmente se apagou.

Compreendi que aquelas pessoas que têm ojeriza a compromisso não só têm medo de se comprometer com o "sim", mas também são incapazes de se comprometer com o "não". Elas mantêm a porta aberta, dando falsas esperanças ao parceiro.

Nesse momento, refleti sobre meus objetivos. Percebi que precisava me tornar o melhor que pudesse para ser capaz de atrair o tipo de homem com quem gostaria de me casar. Se eu desejasse alguém realmente fabuloso, teria de, em primeiro lugar, me tornar fabulosa.

Então, arrumei a casa. Eu me desintoxiquei do Nefasto e da minha outra muleta, meu amiguinho colorido pós-faculdade. Comecei a freqüentar a ioga três vezes por semana. Entrei para um grupo de escritores. Meu principal foco passou a ser minha carreira de diretora, e tudo começou a decolar.

Parei de procurar homem por todos os lados. Comecei a sair e a me divertir, aproveitando a vida. Solteira ou não, eu seria feliz. Quando conhecia um homem, era cuidadosa o suficiente para ler os sinais. Se um cara desse a entender que não estava disponível, então eu realmente levava suas palavras ao pé da letra.

Fiz o dever de casa direitinho e me poupei de várias decepções amorosas potenciais. Não posso dizer que tenha sido fácil. Várias noites eu sobrava literalmente. Muitas pessoas me perguntavam "o que tem de errado com você? Como você pode estar sozinha? Você é exigente demais?" Desde avós, passando por dentistas até amigos casados, a sociedade adora pegar no pé de moças solteiras.

"Uma menina tão bonita... não entendo." Lembro de estar recebendo massagem e ser surpreendida por lágrimas rolando pelo rosto. Há tanto tempo que ninguém me tocava.

E, cerca de um ano depois, com muita relutância, aceitei ter um encontro às escuras. Disse sim porque meu amigo me prometeu que esse homem me contaria uma história de fantasma maravilhosa e eu amo histórias de terror. Estava intrigada, mas cautelosa. Ian era o melhor amigo do melhor amigo de infância do meu melhor amigo (a questão é: tínhamos um ponto de referência, ainda que oblíquo). Ainda assim, tentei dar para trás várias vezes. Sabia que seria um desastre.

Ao telefone, percebemos que já havíamos nos cruzado algumas vezes — vivíamos a alguns quarteirões um do outro e freqüentávamos as mesmas livrarias e cafés. Tínhamos até ido a uma peça juntos, em um grupo de amigos, e depois saímos para tomar um drinque. Tínhamos certeza de que, quando nos víssemos, lembraríamos um do outro.

Combinamos de nos encontrar na esquina da Upper West Side. Lembro-me de atravessar a rua naquela noite, ver Ian a distância e não o reconhecer. Não tinha a menor idéia de que estava me aproximando do meu futuro marido.

No entanto, o que eu realmente me lembro é dos sapatos. Lembro que eram mocassims pretos e brilhantes, com franjas. Um tremendo "não". Ian jura que nunca teve um par de sapatos com franja. Mas me lembro das franjas.

Hoje, rimos disso, mas, antes de Nefasto, as franjas poderiam ter sido um terrível balde de água fria.

Contudo, à medida que o jantar progredia, descobri que Ian era charmoso, atraente e articulado. Seu vocabulário era tão extenso que fiquei quase excitada. Lembro-me de ter pensado, *Esse é um homem com quem posso aprender alguma coisa.* Não há nada mais *sexy* do que isso.

Descobrimos que estávamos lendo o mesmo livro, ao mesmo tempo, *Suave é a noite*, de F. Scott Fitzgerald. Compartilhávamos a paixão por literatura, teatro, pegadinhas e filmes de terror. E adorei seu cheiro.

Ainda assim, continuei cética.

Gostaria de dizer que foi amor à primeira vista, mas não foi. O amor à primeira vista é um conceito falso; as pessoas o confundem com a química, que, embora seja importante, é apenas uma fração do que faz um relacionamento dar certo.

Estava tão concentrada na minha carreira e tão acostumada com tudo dando errado o quando o assunto era a minha vida amorosa, que o amor da minha vida estava embaixo do meu nariz e quase o deixei escapar. Tinha entrado tão de cabeça na minha independência que quase arruinei a chance. Confundi a falta de dramaticidade ("Será que ele vai ligar? Será que ele gosta de mim?") com falta de paixão.

Em vez de uma chama instantânea, em que o risco de se apagar é alto, nosso relacionamento foi sendo construído aos poucos, com uma chama lenta e constante que acabou ardendo. Quando dá certo, é fácil. Ele quer encontrá-la. Você quer encontrá-lo. Não há dúvidas, desculpas, "talvez" ou "mas". Você não precisa analisar o relacionamento. Não existe jogo ou estratégia.

Quando penso no esforço que fiz, com sapatos altos *sexys*, roupas curtas e decotadas demais para ser usada no auge do inverno, me arrastando de lugar em lugar todas as noites, indo a todas as exposições de arte, shows, festas e leituras, só para o caso de o amor da minha vida estar me esperando, fico com ódio só de pensar que ele estava bem ali no meu bairro, a dois quarteirões, nas mesmas festas e até na mesma mesa de jantar.

Não sei se acredito em destino, mas parece que alguma força nos empurrou e aproximou, apesar de termos ignorado os sinais por tanto tempo.

Quando as mulheres reclamam que não existem homens interessantes disponíveis, podemos estar procurando com um olho só. Ou então será que estamos procurando com os critérios errados? Para mim, era uma questão de corte de cabelo e par de sapatos, mas muitas mulheres dispensam um cara só porque não é alto, não tem ombros largos, tem cabelo escuro ou não tem qualquer uma das milhares de características superficiais.

Na época em que nosso relacionamento estava engatinhando, estava viajando muito a trabalho, e havia algumas semanas em que Ian não tinha qualquer notícia minha. Quando nos encontrávamos, era incrível. Mas, enquanto eu estava viajando, concentrava-me apenas em minha carreira. Olhando para trás, percebo que foi uma maneira de me proteger, uma forma de gerenciar minhas esperanças. Não estava me fazendo de difícil; simplesmente não estava disponível.

Mas com seis meses de relacionamento, (finalmente) me apaixonei. Para minha sorte, Ian foi paciente e soube esperar.

Casamos um ano depois. Havia alguns trechos de *Suave é a noite* em nossos votos, e galinha frita e algodão doce na recepção. Foi uma noite mágica, mas apenas isso: uma noite.

Seis anos depois, nosso casamento está incrivelmente sólido, apaixonado e feliz. É um relacionamento baseado na realidade e no respeito. É claro que enfrentamos momentos difíceis, mas meus longos anos como menina-solteira-e-sozinha me ensinaram a valorizar o que eu tinha. Sei como é estar do outro lado. Ano passado, tivemos um filho, Owen, e os momentos mais mundanos e simples que passamos juntos são de longe os mais felizes da minha vida. Isso é o amor.

Então, o que quero dizer quando digo que vejo um monte de mulheres solteiras de olho na minha pequena família nas ruas? O embrulho que traz seu futuro marido pode não ser perfeito à primeira vista, mas o que vem dentro pode superar todas as fantasias.

Além disso, nunca sabemos quando o casamento vai chegar de mansinho e morder sua perna. Então, esteja preparada.

Posfácio:

Ian escolheu seu sapato para o casamento: um par de Jimmy Choos, marrom-achocolatado e sem franja.

Um comentário final de Ian:

Para concluir, gostaria de dizer que todo o processo de sedução à Lisa quase me matou. Ela dirá que não estava se fazendo de difícil, que ela era simplesmente difícil. De uma forma ou de outra, gosto de chamar de "deliciosa tortura" — longos períodos de incerteza, frustração e espera pontuados por breves momentos de intimidade que me deixavam ansioso querendo cada vez mais. Nessa época, não conseguia dormir, comer, pensar. Meus amigos me diziam que deveria desistir, porque estava óbvio que não estava a "fim de mim".

Contudo, do meu jeito (aparentemente tranqüilo e secretamente desesperado), continuei correndo atrás e essa busca despertou o que tenho de melhor. Obrigou-me a acreditar em mim — acreditar que eu merecia alguém que fosse maravilhoso e a ter a confiança para persistir em minha luta. Agora, Lisa é minha companheira e agradeço todos os dias pelo amor que temos. Hoje de manhã, estava assistindo a *Vila Sésamo* com nosso filho de 17 meses e Garibaldo estava cantando a música "uma dessas coisas não faz parte disso". Percebi que o amor é como essa música — você precisa saber o que faz parte e o que não faz. No entanto, você só consegue fazer isso se realmente conhecer a si mesmo. Toda a minha vida me conformei em estar com pessoas que não faziam parte do que queria para mim. Levei um tempo para finalmente descobrir alguém que realmente se encaixava no meu sonho. E, se eu consegui, você também consegue.

P.S.: Não importa o que Lisa disser, eu nunca, *nunca mesmo*, tive um par de sapatos com franja.

Agradecimentos

DEVO MUITO A Judith Regan, por seu entusiasmo e todo o seu envolvimento pessoal na produção deste livro. Devo alguns dos melhores momentos durante o processo a minhas conversas com Judith. Muito obrigado por toda a atenção.

Também sou muito grato a Cassie Jones, por sua sensibilidade, seu dicernimento e todo o gerenciamento editorial.

Obrigado a Amy Baron, por ajudar com as palavras; a todo o pessoal do departamento de vendas, marketing e publicidade na Regan Books; e a todos aqueles que ficam por trás da cena e que abraçaram integralmente este projeto.

Meus sinceros agradecimentos à colunista da revista *New York* Amy Sohn (*My Old Man*), por ter emprestado sua inteligência e seu senso de humor ao prefácio. Suas colunas e livros sempre me ajudaram a interpretar o espírito cultural e a me divertir com tudo.

Também devo muito a Peter Hyman (*The Reluctant Metrosexual: Dispatches from an Almost Hip Life*), jornalista e escritor de primeira linha. Peter trabalhou comigo em todas as páginas do livro, adicionando elementos engraçados, literários e culturais.

E, claro, a minhas amigas supertalentosas e editoras substitutas, Sue Rosenstock e Delia Peretta, que leram cada palavra do manuscrito e nunca deixaram de oferecer sugestões e observações. Não tenho palavras para agradecer toda a dedicação de tempo e talento. Sue, Delia, agora é a vez de vocês me entregarem as páginas!

À minha amiga Adena Halpern, obrigado por emprestar seu tesouro: suas histórias de encontros e desencontros amorosos.

E um agradecimento especial a todos os meus amigos, pacientes, colegas e "mulheres e homens do mundo", que compartilharam suas histórias e opiniões sobre a vida de solteiro. Obrigado por me deixar mudar seus nomes e dividir suas experiências.

E, finalmente, à minha esposa, Lisa, parceira de minha vida, em todos os sentidos da palavra. Obrigado por me inspirar a elevar meus padrões e me oferecer o amor que sempre busquei.